yoshiyoshi

U0038092

YOSHI YOSHI YOSHI YOSHI

yoshiyoshi

99

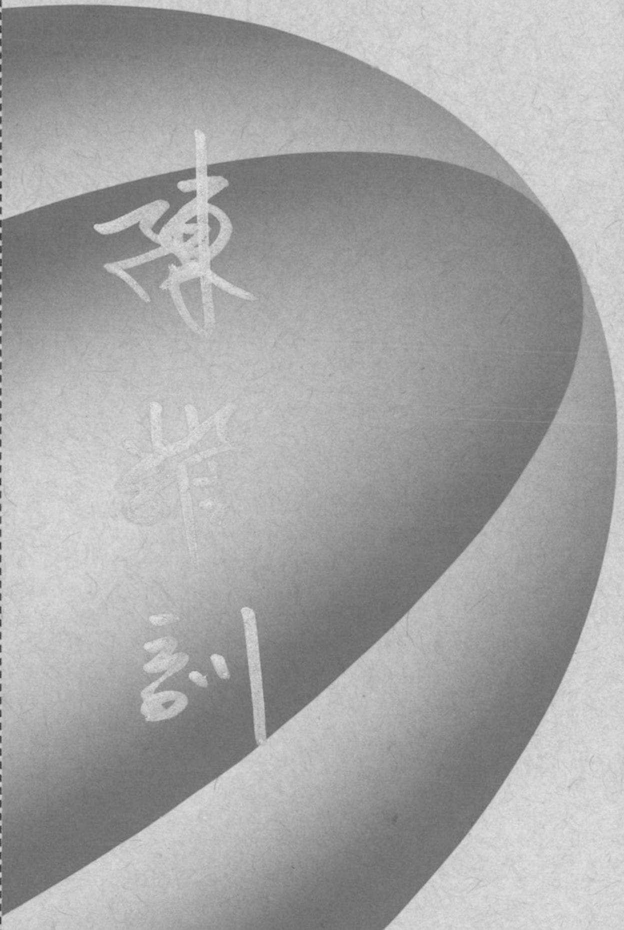

99 yoshiyoshi
99 yoshiyoshi

99分的完美

99分的完美

99分的完美

99分的完美

99分的完美

99分的完美

YOSHI YOSHI YOSHI YOSHI

作者序

找到人生中的熱情

無論晴雨冬夏，清晨七點，陳耀訓・麵包埠的廚房裡機器已經轟隆隆作響，我和團隊展開當天販售四十餘款的麵包製作。有人負責攪拌麵團，有人以雙手揉起麵團，也有人看顧烤箱、負責麵包的裝飾。這並非線性流程，往往是交叉進行。每款麵包的發酵時間、烤焙條件不盡相同，誰先誰後都有其考量。加上即便是同款麵包，也可能不會一次同步出爐。像是店內的經典可頌，為了讓消費者買到時仍然酥脆，得分十批在不同時段出爐。種種因素，讓流程更為複雜。

如此錙銖必較，和麵包添加的酵母有關。酵母的活性，讓麵包製作得因地制宜，不同的氣溫與濕度，麵團也就有微妙的變化。發酵更是得精準掌控，過猶不及。我常說，我們是與時間賽跑，一點也不誇張。設定的鬧鈴響了，開始找聲音來源（因為廚房裡有太多鬧鈴了）。關掉鬧鈴後，確認起麵團狀態，要是發酵完成，一刻也不能浪費，得趕緊將麵團送入烤箱。否則，過度發酵的麵包不僅撐不起麵包的造型，風味也會大打折扣。

日復一日，我和團隊做著看似一陳不變的工作，實際上卻日日都有差異。很大的原因來自，心態。若只是把做麵包當成一份例行工作，便是一陳不變、枯燥乏味。若能在過程中滿懷探索的心境與熱情，即便是日日站在同一個崗位上，也會有不同的發現。經常，看著團隊自發地在工作結束後，討論起當日麵包製作遇到的疑惑，甚至拿起紙筆畫起圖來，我都有莫名的感動。那是讓我們能夠長遠走下去的一大動力——對於麵包的熱情。

熱情，支持著我一路從台式麵包學徒、歸零學習歐式麵包，再到創業、比賽。曾經，長達兩年，二十多歲的我怎麼都做不好一根法國長棍麵包。夜深人靜，自我都會懷疑，是否雙手比別人笨拙，不適合做麵包？在高雄初創業時，首日營業額只有三千多元，當月更是赤字三十五萬元。然而，對麵包的熱情、渴望與沒有退路的決心，終究讓我逐一克服。

這也是讓我著手下筆，寫下《99分的完美》一書的緣由。外人對我的印象，不外乎是世界麵包冠軍、紅土蛋黃酥推手，這些光鮮亮麗頭銜的幕後，其實有著無以計數的挫折考驗，巨大的、突如其來的、意想不到的、令人失意的……人生就像打怪，會碰上一關又一關的難題。想辦法解決它，一次不成，就再一次。慢慢地拆解每道關卡，終有一天會獲得自己也滿意的結果。

人生總有順風與逆風，這些都是過程。於我，熱情投注之處，在於做出好吃的麵包，讓消費者感受到手作麵包的魅力與幸福感。我想說的是，不管是得到世界冠軍，還是因紅土蛋黃酥而聲名大噪，我依舊是一位麵包師傅，參與現場作業，做好吃的麵包，就是我最重要的使命。任何產業也都一樣，成名或變得多有名氣就如同挫折一樣，統統只是人生中的一個經歷。回歸日常，你最在乎的事情是什麼呢？

書寫的另一個動力，則是我的父母親。青少年時期的我，是他們眼中的頭痛人物。打架、徹夜不歸、飆車，幾乎是我的日常。高中輟學，更讓沒有一技之長、在許多產業拚搏過的父親，憂心忡忡。即便，父親讓我隻身離鄉，從鹿港到高雄學做麵包，而我也穩健地一步一腳印，從台式麵包主廚、重新歸零學習歐式麵包、創業，再到參加比賽、赴台北開店，然而，沒有一刻他們是不擔心的。擔憂身為麵包師傅的我的發展、擔憂我初創業開店慘澹的業績、擔憂我比賽失利的巨大挫敗、擔憂我北上開店的資金缺口……。

我是個話不多的人，加上年少即離開鹿港工作，甚少將工作與生活的種種與他們分享。於是藉由書寫，把那些藏在幕後的歷程，及二十多年來的心境轉折，一一記錄，讓他們可以回顧，當年那個迷途青少年，是如何成為現今的這位麵包師傅。同時，也感謝他們無條件對我的支持。謹以此書，獻給我的父母親。

《99分的完美》的書寫與整理長達三年多，我不斷地回憶，還原各項幕後細節。三年的變化也很巨大，陳耀訓．麵包埠創立、紅土蛋黃酥的熱銷、與世界冠軍的聯名……書裡也將剖析這些事件背後的思維。多達數十萬字的文字資料，最後精簡為約十萬字的紀錄，希望你能從中獲得一點點動力與啟發。只是，總有來不及的紀錄。最近，我們遷了新址，陳耀訓．麵包埠又有了嶄新面貌。未寫進書裡的現在進行式，就等你來現場親自感受。

最後，我想謝謝一路陪伴我、和我一起打拚的太太新惠。少了妳，我的人生將不會有那麼多精采的歷程。同時，也感謝催生此書的富華股份有限公司總經理朱志豪、皇冠文化出版有限公司，及擔綱美術設計的葉忠宜。●

YOSHI YOSHI YOSHI YOSHI YOSHI

YOSHI YOSHI YOSHI YOSHI

Contents

122

99% 的哲學

Chapter 3

234 理想的麵包店

Chapter 4

YOSHI YOSHI YOSHI YOSHI

Chapter 1

起點

① —飆車青少年—

和法規的衝撞，競速的快感，威風的心情，眾人關注的目光……都是讓我夜裡跨上摩托車、催促油門的動力。白天在學校得不到的這些，就靠夜晚了。

週末深夜，台中市中港路[1]，並未如黑夜的靜默，空氣中瀰漫著一股躁動。一群群騎著摩托車的人，在街邊聚集，「轟轟轟」的引擎聲和聊天喧譁此起彼落，在黑夜裡更為鮮明。有時，身旁幾台摩托車高速呼嘯而過，甚至翹孤輪[2]、頂尾輪[3]、壓車過彎樣樣都來，天橋上、道路旁的人跟著鼓噪叫囂，吹起口哨。

我和同學就在現場。不是旁觀者，而是這場夜不歸真正的參與者。當時，我是一名鹿港國中的國中生。若有自我介紹，我絕對會在我的興趣寫上：飆車。

青春期的叛逆因子作祟，我自升上國中之後，便對學校的課業了無興趣。雖然教育部已取消依據考試成績能力分班，改採常態分班，但當時仍以升學為重的環境，讓我在學校自然而然地與不喜念書的人混在一起。偏偏那是弱肉強食的小社會，你不是強者，就只能當被欺負的弱者。不想被欺負的我，選擇成為欺負人的強者。除了打架鬧事，也跟著同學騎起摩托車，成為飆仔。

起初，我是坐在摩托車後座被同學載，跟著大家一起夜遊，一玩便常常「忘記」回家。第一次徹夜未歸，隔日一早已要上課，我回到家門口時，鐵門已被拉下。進不去家中的我，和隔著鐵門破口大罵「有種就不要回來」的爸爸，像是兩軍對峙。我媽則在一旁扮演和事佬：「不要這樣，回來了好好說就好。」最後我媽開了門，讓我進去。無視早已勃然大怒、想要衝上前打我的父親，我直衝房間。

從那次之後，我依然故我，甚至變本加厲。上課期間，常常和同學蹺課去打電動，週五下課就出遊飆車，到週日晚上才回家。叛逆青少年的家庭衝突也就未曾停歇。父親的黑臉總是表現著直接的情緒，「你給我出去，不要回來！」「我沒有你這樣的小孩。」「講不聽，信不信我就這樣打死你！」一旁母親的白臉展現著柔性的規勸，「你這樣在外面很危險。」「你這樣能過一輩子嗎？」

一輩子的天長地久，青少年才不在乎，當然也無視緊張的父子關係，我從一個在摩托車後座被載的人，成為操縱摩托車龍頭的舵手。即便沒有駕照，趁著家人熟睡，我小心翼翼拿起摩托車鑰匙，把哥哥的黑色摩托車騎出門。乘風的速度感和受到旁觀路人的注目，讓我感到前所未有的拉風與趣味。

酷炫有時，出糗亦有時。一次夜裡在西濱快速道路急駛，一個過彎，我刻意把摩托車壓到很低，藉此展現我的技術，不料地上的碎石讓車子打滑，一瞬間摩托車飛了出去。我並未受傷，倒是黑色的摩托車出現幾道明顯的刮痕。直覺反應，想掩蓋刮痕，試圖湮滅摔車和車子毀損的證據。沒錢修車的我買了黑色奇異筆，開始將白色刮痕塗抹起來。對於我的拙劣掩

1. 舊路名，現為台灣大道。
2. 台語，指摩托車前輪騰空。
3. 摩托車後輪騰空。

飾，我哥事後並沒有戳破，大概也覺得拿我沒有辦法。

後來，我更利用暑期打工，買了一台迪奧五十CC的摩托車，並透過那個年代飆車族的標配，將引擎改裝為一百CC，引擎聲與速度感兼具。

飆車的夜裡，腎上腺素飆升。數十人到數百人的群聚飆車，挑釁時不時就會發生。一台摩托車從我身旁飛奔而過，對方有意無意不知道，對我而言就是挑釁。二話不說，油門催下去，比拚速度。有時，警方也會展開取締。我們五、六十人騎著摩托車繞街競速，現場還有其他不認識的飆車族，大家四處直竄，玩起了你追我跑的貓捉老鼠遊戲。

和法規的衝撞，競速的快感，雀躍的心情，眾人關注的目光……都是讓我夜裡跨上摩托車、催促油門的動力。白天在學校得不到的這些，就靠夜晚了。

家人和外人視為荒唐的日子，終究讓我踢到鐵板。國三新學期註冊的那天，還沒開始開學上課，結束學校的行程後，我和另外兩位同學共騎一台摩托車，打算去打撞球。才離開校園沒多久，在沒有紅綠燈的十字路口，我們便撞上回收鐵件的資源回收車。機車和我被壓在回收車底下，拖行了一小段路。

勉強脫困的我，打算去醫院敷藥，沒想到根本沒有力氣從地上站起來。看了腳邊的傷口，一片血肉模糊，似乎還看得到裡頭的筋，這時才知嚴重性。同學叫了救護車，將我送到醫院急診。「怎麼會這樣？」我媽媽哭著走進急診，簽下手術同意書。

腳打石膏、拿著拐杖的我，一開學就得請假休養，一請就是兩個月。期間媽媽為了全心照顧我還辭去市場擺攤的工作。日日三餐照護不間斷，且怕我在家無聊，還租了金庸小說給我看。「請了這麼多假，要不要先辦休學？」一通來自學校老師的電話，讓行動仍不便的我撐著回到校園。

那是我難以忘懷的一幕——為了將行動不便的我送到二樓教室，我媽媽背著我，一台階一台階地往上走。就在那個時間點，自以為是的青少年內心深鎖的大門稍稍鬆動。終於感受到家人的陪伴，特別是媽媽對我無微不至的付出與關愛。腳受傷的日子，哪也去不了，也讓我稍稍可以靜下來，「是不是可以不讓他們這麼擔心？」康復以後，雖然仍舊和同學出門飆車，但我盡量不和父母頂嘴，也答應他們一定會回家睡覺。

升上高一，我念的是鹿港高中夜間部的會計系，白天在剪刀工廠工作，晚上則到學校念書。當時飆車仍是我與朋友的日常活動，但我萬萬沒想到，飆車同好的「精神領袖」會在十八歲的青春年華倉促劃下生命的句點。他是大我一屆的表哥，被載的他因為一場對方酒駕的車禍而過世。第一次如此深刻感受生離死別與世事無常，我震驚至極，無法接受也不知所措。失去精神領袖後，同伴之間的氣氛低迷，大夥像是失去羅盤的船隻，頓失飆車的目標和動力，那是我第一次嘗到人生的苦澀。●

19

99 分的完美

② —離鄉背井，展開新生活—

看似千篇一律的練習過程，我卻不覺得無聊或乏味，在我的心中只有遠方的一個目的地——學會做麵包。

高中二年級，也就是十八歲的時候，我辦了休學。自此，離開了家鄉，誤打誤撞踏上烘焙這條路。

從國中開始，我就很不喜歡讀書，經常飆車，剛好鹿港國中有技藝班，我也就選擇該班就讀。當時我學的是陶藝，不用參加聯考，就能保送高中。保送制度的選擇有限，我後來選讀鹿港高中夜間部的會計系。對於一個十多歲愛玩的青少年而言，知道高中要讀會計的時候，並沒有太多想法，我想大概就是到學校上課混時間而已。

實際坐在教室看著黑板，才發現對於成堆數字實在有看沒有懂，總是一頭霧水，當然也沒有心思上課。與其說念會計壓力很大，還不如說會計於我根本是兩個平行世界，彼此沒有交集。白天在剪刀工廠工作的我，常常到了學校就趴在桌上睡覺。

「既然這麼累，幹嘛來學校上課？不然休學啊！」講台上老師帶刺的一句話，正合我意，「好啊，我就休學。」高一學期結束，我便試著向爸媽提出休學的想法。

我父親並沒有同意，而且相當反對。我的哥哥、姐姐都算是高材生，當時都已經在讀大學，父親當然不能接受他的小孩當中有一個連高中都沒有畢業。第一次碰壁之後，這件事像是沒有討論空間般，我也就一樣在學期開始之際回到學校就讀高中二年級。可能因為白天工作的疲累，加上一點興趣也沒有，在學校我往往都在睡覺。加上飆車同夥的精神領袖過世，生活頓失重心。

這種有點「醉生夢死」的校園生活，過了幾週後，我實在有點受不了。對於前途茫茫然，對於休學心裡仍是蠢蠢欲動。心想與其這樣，不如早點投入職場，更實際一點還可以賺錢。

那一次，極力反對我休學的父親出國，母親一個人在家。我便趁著這個機會說服我媽：「我真的就是不喜歡念會計系，每天去學校也是睡覺。老師也勸我，如果到學校都是睡覺，那倒不如就不要來。」也許是受不了我一再煩她，我媽竟然帶著我到學校辦了休學。

當父親從國外回來，發現木已成舟，雖然沒有抓狂，不過有一、兩個星期沒有跟我講話。我想他除了生氣之外，大概在觀察休學後的我都在做什麼。那時白天打工，晚上不用上學，我就和朋友出門閒晃。父親發現我並沒有什麼目標，成天就是工作和玩樂。他語重心長地跟我說：「如果你不喜歡讀書升學，你想要幹嘛？」回答不出任何答案的我，其實對於能幹嘛、想做什麼完全沒有想法。

出自對於子女未來生活的擔憂，父親給了我一個選項：「你離開鹿港，去外地學個一技之長。沒有一技之長，將來沒辦法在社會有好的發展。」因為父親剛好有個朋友在高雄開食品工廠，他提議可以去那試看看。我心裡盤算著，住在外地便不會受到家庭的拘束，既有新鮮感又自由，沒有多想，很快就答應了。

或許父親是想讓我遠離鹿港那些玩樂的朋友，到外地體會不若住在家裡的舒適生活，吃點苦頭，再看看我會不會就此寧可回到學校繼續升學。很快地他和朋友做好安排，我連應徵都不需要，就直接到高雄的「不二家」（現為「不二緻果」）去上班。

不二家是一間做烘焙的食品加工工廠，生產蛋糕、中式點心、麵包等，剛進公司時我待在蛋糕部門。當時我就住在公司兩坪不到的更衣室，沒有床，就睡在地板上。公司有簡單可以盥洗的地方，也有請一位阿姨煮飯供餐，基本上吃住都不用我煩惱。不過可能家中舒服的環境習慣了，剛去的頭幾天，因為心裡委屈默默流了幾滴眼淚。真的要走這條路嗎？如果選擇讀書，現在不是舒舒服服地住在家裡嗎？心裡也不是沒有疑惑。

一開始，我被交付做清潔事務和雜務，就像清理生日蛋糕模具或刀具，拖地或是環境清潔等。雖然都是瑣碎無聊的事，但我卻能清楚看到師傅們的一舉一動——他們如何把麵粉變成了蛋糕。比起枯坐在教室裡上課，我似乎更想知道這些。於是，初來乍到的疑惑與不安統統都消失殆盡。

當時的我知道這些基礎的清潔整理工作是為了之後作準備，甚至是工作的一部分，便很有耐心地等待。因為我真的很想知道，究竟怎麼從一堆材料最後變出一個蛋糕來。如果想學這件事必須先做那些事，那麼我願意等待，把這些基礎工作做到最好，直到師傅願意把他的技術傳承給我。

一個多月後的某一天，我正在水槽清洗模具，師傅叫了我，「你過來幫我秤這個東西。」必恭必敬、小心翼翼地遵照指示進行，內心無比興奮。「這個東西倒進去，那個材料秤多少……」對於我這張烘焙白紙，師傅從頭說起，逐一講解製作步驟。分毫不差的精準，是他給我的準則。「差一點就會差很多。」這一切並沒有白紙黑字的「配方」，通常就是師傅一邊口述，我一邊動作。

學習蛋糕製作多半是利用清潔的空檔，或在清潔結束後額外的時間。因為是真心渴望學習，當下總覺得值得。畢竟當時沒有工時限制，加上我也住公司，不需要趕著下班。只要可以多學一點，就像是久旱逢甘霖一樣欣喜。

當時師傅製作蛋糕和麵包都在同一個空間，偶爾我會偷瞄一下他們在做什麼。雖然都是烘焙，都是以麵粉為材料所製作出的產品，不過製作麵包的工作很多元，要測量的東西更多，一天製作出來的麵包口味竟有上百種。種類更為豐富，感覺變化多端。肉鬆麵包、炸彈麵包怎麼做出來的？用了哪些材料，可以做出那樣的調味？比起製作蛋糕，我似乎更想深入了解這當中的奧秘。

在當年，台式甜點大行其道，不像現在有很多日式、法式甜點，甜點的售價比麵包高出許多，製作甜點也相對地比麵包製作更有地位。然而，製作甜點的過程講究細膩，像是用打發的鮮奶油要擠出玫瑰花，實在讓我有點崩潰。若從多樣性與日常著眼，麵包則較具看頭。畢竟在當年麵包單價不高，每天都可以吃，種類又多達上百種。凡此種種，似乎都讓我確定，自己對豐富多變的麵包更有興趣。

看著最原始的麵粉、糖、鹽、雞蛋、牛奶這些食材，經過混合、發酵，就可以烤出蛋糕與麵包，對我來說，充滿不可思議的魅力。●

↓當時的我知道這些基礎的清潔整理工作是為了之後作準備，便很有耐心地等待。因為我真的很想知道，究竟怎麼從一堆材料最後變出一個蛋糕來。●

③ —手感，在不斷練習中積累—

當目光不著眼於眼前的困難，而是鎖定在想完成的事情上，過程的挫折也就稱不上什麼了。

大約在甜點部門待了三個月，我便向師傅開口，「我好像比較想做麵包。」師傅確認了我個人的意願後，他便向老闆說明，幫我調換到麵包部門。零經驗、無基礎的學徒，自然又回到原點，麵包部的模具比甜點部多了不少，每天就從清潔工作開始做起。

後來，漸漸地開始學習製作麵包的核心工作。首先，用雙手將麵包揉成想要的形狀，比如圓形或長條狀等。麵包部門製作的麵包品項特別多，至少有一百種，也因此要學的造型也有一百種之多。師傅通常會在我面前示範一次怎麼做，接著就輪到我跟著做一遍。只是對於全然新手的我來說知易行難，明明照著指示做，卻抓不到訣竅，無法做出和師傅一樣的外型。

當成型失敗的次數越多，師傅也就減少讓我上場的機會。畢竟在工廠裡分秒必爭，若我無法做出合格的麵包外型，師傅還得幫忙修正，得多花上許多時間與精力。假設某款麵包要製作五十個，當新手的我好不容易做完兩個，其他的四十八個也已經都做完了。師傅們正常的速度就是這麼快，他們沒時間慢下來等我。在這樣的狀況之下，我能夠練習的機會自然也就不是那麼多。

我是很害怕成為別人負擔的那種人，

做不好的時候，在師傅眼裡我好像就是個累贅。我也能理解為什麼一開始都叫我去做清潔和整理，因為那是最容易的事，也是能發揮我最大功用的工作。然而當清潔工作做得好、可以吃苦，師傅想要教些東西時，他也不太可能整天都在我旁邊一對一教學。當下我只是懊惱：為什麼學不會？為什麼做不出來跟他一樣的東西？

不得其門而入，對我而言頗為挫折。為了擁有更多練習機會，我決定在下班之後閉門苦練。我和師傅表明，自己想更快學會成型，下班後要在公司二樓的工廠練習。得到許可後，晚上七、八點當大家吃完晚飯回家，一直到一樓門市關門的十點之間，就是我獨自摸索麵包成型的時間。

下班後無人的二樓一片漆黑，將工作區域的燈光打開，再把麵團從冰箱拿出來。最初，從基本中的基本開始摸索，我只練兩種麵包的成型。一個是蔥麵包，以前的蔥麵包是三個接在一起的圓形麵團，得把麵團用手的勁道滾得圓潤飽滿。另一個是船形的沙拉麵包，通常會在中間切一刀，再填入蛋沙拉、火腿等餡料。

從冰箱裡拿出來要練習的麵團不能只有一顆，通常有十幾顆輪著用。成型過卻失敗的就得放回去，再拿一顆新的出來練習，同一顆麵團沒辦法重複練習，它會變得黏黏爛爛的，沒辦法成型。

幾個小時與麵團獨處的時間，算是摸索彼此。我試著用手的勁道施予吹彈可破、軟軟綿綿的白色麵團，而麵團也給予我回應，反應在我的雙手：看似軟滑卻帶著筋性的力道。初期當然還是無法滾出一顆圓滾滾的麵團，秉持著像是玩遊戲破關的心態，一次又一次嘗試，越無法成功也就越讓人想突破。

當天晚上遇到的問題，往往在隔天我會再向師傅請教。像是「為什麼我做出來的麵團還是不夠圓？」搓太久、力道太大等都有可能。只是這樣的隔空指導，多半還是回到我自己本身的揣摩與意會。最終都指向一個解方：多練習，增加手感。唯有累積經驗，不斷觸摸麵團，去感受手與麵團之間那個無形力量一來一往的感覺，才有辦法掌握恰到好處的力道。

看似千篇一律的練習過程，我並不覺得無聊或乏味，在我的心中只有遠方的一個目的地——學會做麵包。當目光不著眼於眼前的困難，而是鎖定在想完成的事情上，過程的挫折也就稱不上什麼了。這麼堅定眼前的目標也和我沒有任何退路有關。我隻身在人生地不熟的高雄學習製作麵包，好像也別無其他選擇，並沒有麵包做不好可以做什麼的替代方案，只好卯起來向前衝了。

手感，是在一天天的練習之中積累養成的。漸漸地，我開始能滾出不錯的圓形麵團。懷抱著小小振奮，而莫大的肯定則來自白天的例行工作，當我親手做的成型的麵團，終於不再被師傅丟在旁邊。

隨後我如同海綿吸水一般，展開各式各樣麵包的製作學習。待在不二家總共三年，前兩年幾乎都在學習將近一百多種的台式麵包製作，一邊從事生產，同時也學習麵包的成型、烤焙和攪拌。除了麵包成型花了較久的時間學習，其他的工序並不會太複雜。以攪拌來說，師傅說什麼時候攪拌、做到什麼程度，身為學徒的我就照著做。當時，麵包烘焙產業還沒在工序上有太多要求，攪拌時也不用測量溫度，自然也讓當時的我覺得非常簡單。

到了第三年，摸熟生產流程和手做麵包的技巧之後，也就覺得好像該學的都學會了。因為對麵包的高度興趣，我開始造訪同在高雄生意不錯的麵包店，看看別人做了什麼麵包，當市場考察與見識。同一時間也根據師傅的建議，開始進書店翻閱日文的麵包烘焙書籍，這一翻就像一記警鐘敲醒了我。說實話，在不二家的後期，我還有點自信，店內上百種麵包我都能做出來，初出茅廬的我其實有點自滿。直到看到書裡的法國長棍麵包、可頌、歐式麵包等前所未見的麵包，雖然看不懂日文，但光看圖片就已經夠震撼了。這時才意識到，原來還有我不認識的麵包世界。

想知道更多公司以外關於麵包的製作技術，該怎麼做呢？師傅也鼓勵我去別的麵包店試試，甚至到外縣市找找看有沒有什麼機會。畢竟當時烘焙產業的資訊比較封閉，也幾乎沒有國外來的麵包講師到台灣辦講習會，加上網路還不是很發達，沒有什麼公開資訊，如果在同樣的公司、跟隨同一位師傅，很可能就會停滯不前，勢必得藉由不斷地跳槽才有學習成長的機會。

頗為尷尬的是，我也到了服兵役的年紀，要為了學習更多麵包製作技術而跳槽的機會渺茫，所以也就一直待在不二家直到當兵。在這個時期，雖然我總是兢兢業業地跟著師父學習，也對麵包製作有了好奇心，但確實只像一份上班下班的例行工作。一直到當兵之前，自己並沒有很篤定，未來或是這一輩子都會待在麵包烘焙產業。這三年的烘焙經驗像是一顆尚未萌芽的種子，種進我心裡。●

↓初期當然還是無法滾出一顆圓滾滾的麵團，秉持著像是玩遊戲破關的心態，一次又一次嘗試，越無法成功也就越讓人想突破。●

④ — 法國長棍是這樣練出來的 —

越簡單的事物，要做到好反而越不簡單。法國長棍麵包就是，材料非常簡單，簡單到無法用其他的東西來掩蓋缺點，加上酵母菌是活的，所以無法用一套不變的標準來對待。

有長達兩年、將近七百多天，二十多歲的我怎麼都無法做出一根合格的法國長棍麵包（Baguette）。

日子一天一天地過，眼見距離三十歲越來越近，挫折卻一點一滴地積累。那是很深很沉、近乎絕望的挫折。夜深人靜，我會懷疑自己的手為什麼沒有辦法搓出一根正常的法國麵包？心裡的疑惑甚至會被放大：難道我的手比別人的廢，根本不適合做麵包？

當時，我跟在「巴蕾麵包」主廚張家豪身邊工作，他是當時台灣少數擁有歐式麵包製作技藝的師傅。為了學習歐式麵包，我辭去退伍後台式麵包主廚的工作，歸零從學徒做起。店裡的人員很精簡，就他、另一位師傅和最菜的我三人。身為學徒的我負責烤麵包，也很機靈地想，只要我動作夠快，就會有多的時間學習我朝思暮想的法國長棍麵包和可頌。

張家豪也清楚我重新當起學徒的目標，就是要學會製作歐式麵包，他給予我很大的練習空間。大約中午過後，店裡的麵包陸續出爐，店務也忙得差不多，我可以切一些店裡多餘的麵團來做練習。

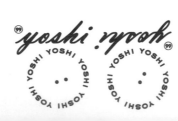

法國長棍麵包，僅有麵粉、酵母、鹽和水四種材料，是所有麵包裡最簡單的組合。最初，張家豪手把手地帶著我做。他先是示範，如何將麵團搓成一根六十公分的法國長棍麵包。已擁有十年麵包製作經驗的我用眼睛看，總覺得自己可以勝任。實際上場動手，卻不是那麼一回事。

張家豪做得一派輕鬆，幾秒之間，只見他慢慢地搓搓搓，就把法國麵包搓長了。輪到我的時候，怎麼搓都搓不長，怎麼搓都搓不開。當我試圖要把麵團搓長的時候，麵筋彷彿在阻礙我。

原理和訣竅，張家豪也毫不保留地開口提示，「當麵團的筋力是強的，手的力道就要弱，如果麵團的筋力是強，你用的力道也強，那它回縮的力道就會更強。」

聽起來有點像是在習武打太極。也就是說，要以柔克剛。如果它越僵硬，力道就要越輕盈。我當時完全沒辦法體會，心想他到底在講什麼？輕的力道怎麼可能搓得長？如果要把它搓長，不是需要一點力道嗎？可是一旦出力，又無法把麵團搓長。不要說粗細一致，我光連長度都沒辦法搓出來。

只能每天練習，自己去感受手和麵團之間的配合度，該怎麼拿捏力道，得以把法國麵包搓長。這當然是麵包製作的一個魔王級大關卡。除了法國長棍麵包外，幾乎沒有一個麵包是要做到五十五至六十公分，又要粗細一致。

我一頭霧水，不得其門而入，張家豪也想盡辦法教我，什麼招式都用上了。甚至抓著我的手模擬他和麵團之間的力道，「有沒有感覺到？」而真的感受不到的我，只有無力和抱歉。

一兩個月過去了，我在懵懵懂懂之間，竟然就這樣把長棍麵包的麵團搓長了。在每天的練習中，依稀感受到拉扯的麵筋，漸漸地我有辦法去拿捏如何跟它取得平衡。後來才知道，為什麼自己一開始沒有辦法體會張家豪講的。因為一切實在很難形容，真的只能靠練習，當你做十根體會不到，那麼你就做一百根。

以為突破了一道關卡，沒想到下一個緊跟著來。我花了更久的時間，至少有一年以上，練習怎麼把法國長棍麵包的麵團在搓長之際，也搓得粗細一致。

將麵包搓成粗細一致，完全得靠力道的掌控。五十六公分的法國長棍麵包，從中心點計算，等於左右各二十八公分。可能搓到某個環節，發現麵團變緊了，這時力道要稍稍放輕，也可能搓到二十公分的時候，麵團好像變鬆了，此時手勁反而要往上調。整個搓麵團的過程不會全部是一樣的力道，一定會有產氣[4]比較好與產氣不好的階段，就像麵團的中心點一定比較緊實、左右兩邊比較鬆，手的力道就要跟著去調整。如果比較緊實的地方用力過度，麵團表面就會產生撕裂，或是搓不長。力道一旦沒有拿捏好，可能就變成這邊比較細、那邊比較粗。

日復一日，卻一點進展也沒有。很煎熬，也很難忍受。中途我有問過張家豪：「我好像真的沒有辦法駕馭法國麵包。」

他的回覆只有兩個字：練習。很多時候沒辦法用書籍理論去學會這件事，只能靠練習。你可以看書學怎麼攪拌麵團、怎麼製作出一個完美的麵團，可是書本沒辦法教你做出一個完美的法國麵包，最終還是要靠自己的手去感受。

與其說我相信自己做得到，不如說我更想要證明，沒有我不會做的麵包，或是我沒有辦法駕馭的麵包。這就是當初我想學習法國長棍麵包、可頌等歐式麵包的初心——一個求知的慾望。學習製作法國長棍麵包的挫折，反而讓我更有想要征服它的慾望。

法國長棍麵包帶來的挑戰從未停止。好不容易才學會把麵團搓長搓得粗細一致，接下來要面對的是麵包氣孔。這件事似乎更加抽象難以捉摸，得等到成品烤焙完成，將它剖開來，才能判斷今天做得好不好。然而，麵包裡的氣孔是在成型的時候就決定的。當你成型的力道沒有控制好，譬如麵團筋性強的地方所使用的力道也強，空氣會完全被阻隔，就不會有氣孔在裡面，但若是力道太輕，沒有把麵團包覆起來，空氣也會從接縫處流失掉。

多半都要等到麵包出爐的那一刻，才知道究竟成功還失敗。如果失敗，就只能明天再來一次。所謂的失敗，指的是還未達到可以上架的理想水準，但也是有分六十、六十五、七十分等不同等級的失敗。張家豪總是拿著成品和我討論，可能是哪邊不對、哪邊出錯、烤焙出來的東西有哪裡不盡理想。

4. 麵團發酵過程，因酵母與醣類結合，而產生氣體讓麵團膨脹。

越簡單的事物，要做到好反而越不簡單。法國長棍麵包就是如此，材料非常簡單，簡單到無法用其他東西來掩蓋缺點，加上酵母菌是活的，所以無法用一套不變的標準來對待。到了學習的後期，並未因此來得更順遂。今天做出還可以的法國長棍麵包，明天套用在這個麵團上，可能又是不一樣的結果。

漸漸地發現，每天依麵團的不同狀態去調整製作方式是必要的，無法用同樣一種做麵包的方式對待所有麵團。這就是麵包，它有酵母，它是有生命的，這讓一切變得很複雜、也很有趣。在學習的當下，或許這種不確定性會帶來不安，但對現在的我來說，手作反而是一種無法取代的成就感。手作所製作出來的長短、大小不一，坊間可能會有人認為這很合理。然而我們的技術與專業就是要去克服這些變因，手作最難的地方就是，每天的麵團、狀態和氣候都不同，如何藉由雙手做出標準和品質一致的麵包。

我在日本系統下學習法國長棍麵包的製作，針對麵包外型也下了不少功夫。比如法國長棍麵包上的每條割線都要求等長，每條線的膨脹弧度、翻開的感覺都是一致的，這些是很後期時要追求的一種完美。而難度在於要把人的手感練到像機器一樣，因為實際上不可能用尺測量，憑的真的就是一個「感覺」。

其實在歐洲，當地人並沒有太在乎法國長棍麵包的割線漂不漂亮。但職人匠心的日本人思維就是——我能為這個麵包再做點什麼，讓它更加分？

那就是追求外型的一致性，讓它好吃又好看。這也會成為判斷一位麵包師傅技術層面的一個標準。就像我去別的麵包店的時候，會觀察法國長棍麵包、可頌、吐司這三樣食材單純的品項。其中法國長棍麵包，就是看上頭的割線割得漂不漂亮。這並不是說要去挑麵包店的毛病，只是追求外型完美的精神，是製作麵包的一種極致態度，又或者說是自己對自己的一種態度。●

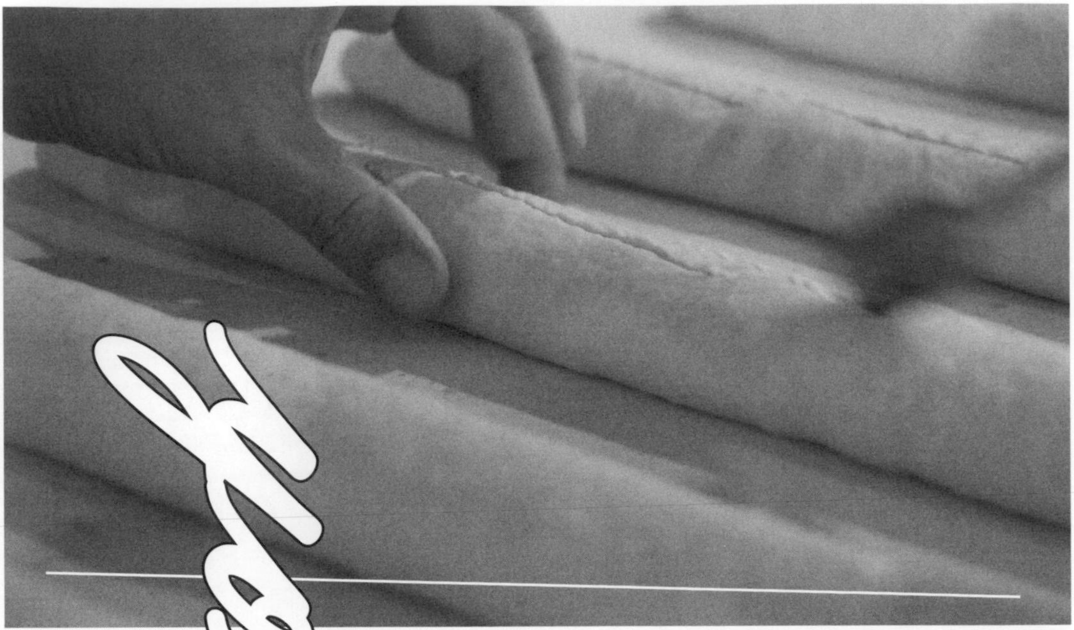

yoshi

↓你可以看書學怎麼攪拌麵團、怎麼製作出一個完美的麵團，可是書本沒辦法教你做出一個完美的法國麵包，最終還是要靠自己的手去感受。●

⑤ —差一點，就是零分與九十九分的差異—

如果你可以做到九十五分，你為什麼只要做八十分？以前我沒有想過這件事，也沒有人這樣要求過，但自從開始學習歐式麵包，這樣的信念至今仍是我的信仰。

另一款花掉我將近兩年學習的，是屬於丹麥類麵包的可頌。丹麥類麵包是指奶油和麵團層層交疊而製作成的麵包。我並沒有花很長的時間就能做出不錯的丹麥麵包，但可頌跟法國長棍麵包很像，很注重手感與力道拿捏，同樣得透過不斷練習才有辦法掌握。可頌分為短胖型和長型，歐洲可頌有些是順順地捲起來，屬於短胖型。當時巴蕾麵包主廚張家豪跟我說他比較喜歡長型的，日本人也喜歡長型。短胖型的中心點麵包體比較多，所以吃起來外皮是酥的，裡面是柔軟的。細長型的可頌是讓整個可頌的酥脆度維持得比較一致，吃到中心點它還是酥脆的，柔軟的部分則比較少。

初期學習我主攻細長型，也就是日本普遍製作可頌的方式。然而，這很講究手感，要花時間摸索。師傅一樣跟我說「往外推」，但究竟多少力道、角度為何這些細節，都很難用言語來形容。比如今天做三十支可頌，不可能一一拿尺去量，你得控制推的力道，讓它們的長度維持一致。這種穩定性，需要花最多時間練習。

可頌的麵團成型時是一片三角形，尖角向外，用手沿著靠近自己的兩個角往外推，慢慢捲起來，這是細長型可頌的製作方法，講究往外推的角度跟力道。

很多時候，雙手往外推，其中一邊的力道只要稍稍過大，可頌的角就會偏向那一邊。一旦這樣烤起來，可頌中心的那個角就不會在正中間，或是從可頌的中心點看過去，左右兩邊不平衡，也許一邊有三個漸層，一邊是兩個半。力道和角度往往最難拿捏，因為你很難想像四十五度角到底是推到哪裡，或者只是力道去配合那個角度的拿捏。

可頌的練習也是有限的，往往一天就只有一次機會。搓完歪了就歪了，無法重來。雖然在五度的環境製作可頌，避免溫度過高奶油層融化掉，但手也是有溫度的，如果失敗再重來一次，手的溫度也會讓可頌的層次融化不見，無法做出奶油和麵團交疊出的可頌。每每要進到冰櫃裡練習製作可頌時，我都戰戰兢兢。

經過兩年，兩個春夏秋冬，才讓我製作的法國長棍麵包和可頌達到張家豪的標準，穩定上架銷售。這當然是一步一腳印，蹲馬步下苦功而來的。我心知肚明這當中有多少耗損產生，深深感謝張家豪願意給我容錯的空間。

剛開始，我做的法國長棍麵包別說是銷售，連進烤箱的機會也沒有。後期雖然日日有所進步，但技術的不穩定也造成一定比例的耗損。我自己內心其實滿愧疚的，畢竟東西做壞，就不能販賣，這對經營者來說都是成本與負擔。張家豪幾乎未曾因為我做出失敗的麵包而有所不耐或生氣，他曾告訴我，「這是一個過程。我沒辦法給你高薪，可是我會教你技術。當然，我就會容忍你損耗的空間。」

無論是製作法國長棍麵包還是可頌，都要和時間賽跑。如果做二十根法國長棍麵包的速度太緩慢，做好第一根和做好第二十根的時間差太多，第一根有可能已經發酵到某一個程度了，可是這二十根終究要同一個時間進烤箱，就有可能造成大小粗細不同。到底要以第一根做好的為主？還是要以最後一根做好的為主？這標準很難拿捏。舉例來說，一批法國長棍麵包總共花了二十分鐘來製作，設定發酵四十分鐘，第一根法國長棍麵包發酵完成，但最後一根完成的法國長棍麵包等於只發到了一半，大概二十分鐘。兩個體積上就會產生滿大的落差。

然而，追求速度仍是有前提的。得先求做得好，再來追求如何做得快又好。「如果做不好，做得快也沒有用。」張家豪這麼跟我說。

來到巴蕾後，也許和日系訓練的麵包體系有關，和主廚本身是經營者也有關。張家豪當然希望產品品質達到一定水準。以前我待的公司，經營者並不是技術者，坦白說不一定看得出來這之間的差異，在這樣的環境之下，多半會養成一些不正確的習慣。還好經過張家豪的提醒，我也就慢慢調整自己做麵包的習慣。做得快沒有用，哪怕你很快做完一百個麵包，如果全都不能賣，也是徒勞無功。

看起來無關緊要的步驟，甚至都得做得到位。以前學製作麵包時，大家關注的是麵包烤出來前的最後一個步驟——成型，因為成型的好壞會直接決定麵包烤出來的外型，消費者一眼就看得明白。可是日式麵包追求的是把每一個環節做好，而不是只注重最後一個環節。

或許很多人會覺得這有影響嗎？有的。它很可能就是九十分和九十二分、九十三分之間的差異。有影響，可是不會那麼大。日系體系教會我的就是，就連一分都是有差距的。如果你可以做到九十五分，為什麼只要做八十分？以前我沒有想過這件事，也沒有人這樣要求過，但自從開始學習歐式麵包，這樣的信念至今仍是我的信仰。

兩年的學習，對於每個細節、步驟，不輕易妥協，是我在技術之外最根本的體會與收穫。以法國長棍麵包來說，溫度、酵母、發酵這三個東西的連結至關重要，溫度的差異性哪怕是〇・五度或一度，它對於酵母產生影響，也就會連帶影響發酵，最後反應在成品，可說是牽一髮而動全身。麵包製作的過程長達五、六個小時，才會有成品出爐。如果在每個環節都妥協一個小小的落差，最後絕對是不合格的成品。下決定的那一刻，如果屈就於某一個小細節，整個過程就報廢了。最終的好與壞，決定於每一個當下的瞬間。

我覺得這很能夠代表日本人對於職人的追求，不輕易妥協於任何一個小細節，哪怕只是一個微不足道的地方。

一百分和九十五分之間，如果可以妥協，等到時間久了，九十五分與九十分或許也會覺得沒有太大差異。如此便會一直往下修。但如果你能做好，為何不做？如果你選擇不做，還稱得上是一個好的技術者嗎？如果對自己都沒有辦法要求到那個程度，能夠作為一個好的傳承者嗎？

每一個環節都差一點，最終的成果不會是零分與一百分的差距。但如果商品上架的標準是九十五分，今天做出爐的麵包只是九十分，其實和零分的差異是一樣的。因為無法上架，就無法呈現給消費者，一切都是白做工。

張家豪曾經跟我說，他不會用他的標準來要求我們，但至少平均水平也要有九十五分。那五分，是我們在學習過程中可以被允許的犯錯空間。犯錯的空間可能是技術層面的東西，譬如法國長棍麵包、可頌是手作，需要時間、經驗去累積。若這個錯來自可以控制的環節，譬如水溫，明明要用五度的水，卻用了四度，這是比較不能夠原諒的錯誤。或是像麵包烤黑，跟技術沒有關係，就是專注度不夠。

麵包的製作過程充滿無數細節，看似挑戰與艱辛，但有時候這也是手作好玩的地方。每天都有可以追求的目標：做出一致的麵包、全部搓起來一樣圓、如何做得又好又快……工作中不但可以自己要求自己，也充滿了挑戰的樂趣。●

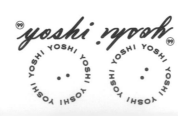

↓做得快沒有用，
哪怕你很快做完一百個麵包，
如果全部都不能賣，
也是徒勞無功。●

45

⑥ —第一間麵包店——巴黎波波—

進入了籌備期，說實話，我自己也還沒有具體的想法。唯一做的事情，便是跑遍高雄所有的麵包店，深入市場，了解高雄人究竟喜歡什麼麵包。

這，終究還是來了。

「巴蕾麵包，明年三月就要結束營業了。」巴蕾麵包主廚、也是我跟隨的師傅張家豪這麼跟我說。雖然我滿難過的，卻沒有天外飛來的震驚。我心裡早有準備，只是比我預期來得早了一點。

對我來說，這也是一個轉捩點。原本巴蕾麵包的團隊人數少，都是對於麵包有高度熱情的人，在那樣的氛圍下工作是很快樂的事情。內心的創業動機也就一直被擱著，直到這個不得不思考的時機點，究竟該繼續跟著張家豪從台中北上台北開店？還是自己獨當一面經營一家麵包店？

或許是初生之犢不畏虎，沒開過一家店，也就沒有把創業想得太複雜，並不覺得它可能是一件很難的事情。

高雄，則是我選擇重新出發的城市。台中和高雄，都是我離家工作後待得較久的地方。當時，張家豪哥哥開的另一家巴蕾麵包也在台中，而之前我待過的「羅娃麵包」在台中也有很多分店。我自己的想法是希望不要距離這些熟識師傅們太近，避免造成彼此商業上的競爭。加上我對台中沒有太多深入的認識或情感，自然而然便把創業開店的可能性轉向了我學麵包的起點——高雄。

另一方面，當初我在高雄想要學習歐式麵包，卻苦無店家和管道，才會轉往台中工作。這樣的前提之下，我更想把這自己的第一家麵包店開在高雄。這就像是一種市場拓荒的心境，也是一種苦學成功後自我實力的證明與肯定吧。

二〇一一年三月，我正式離開巴蕾麵包，回到學習麵包的起點高雄。相較於我離開那時，高雄已突飛猛進，捷運開通三年，也有不少精緻餐飲。

也是一個巧合，我姐姐的一個朋友也在高雄經營餐館，他對經營麵包店有興趣。坦白說，一位麵包師傅要籌備到創業的資金是很困難的，早期像我在巴蕾做了四、五年，扣掉每個月固定開銷，要存到創業資金幾乎是不可能的任務。除了靠貸款，有合夥人也是一種創業的可能性。我們簡單地交換彼此想法，談了幾次之後，我覺得或許可以和他試看看，從一個比較小規模的形式開始。

很快地，就看到一個位於捷運後驛站出口旁的空間正在招租。兩層樓的老房子，剛好是兩個接連在一起的空間。雖然緊鄰著捷運站與大馬路博愛一路，卻有個很大的行人空地，和大馬路保持著一點距離。這樣消費者會先經過空地廣場才會進到麵包店，我覺得是一個很棒的氛圍，可以讓人輕鬆、稍稍放慢步調再進來買麵包。捷運站的交通便捷，加上空間夠大，很接近我心目中麵包店的模樣。

進入了籌備期，說實話，我自己也還沒有具體的想法。唯一做的事情，便是跑遍高雄所有的麵包店，深入市場，了解高雄人究竟喜歡什麼麵包。

前前後後大約花了五、六個月才看完，麵包店應該有一、兩百家之多。我多半利用麵包出爐的高峰期——中午及下午去逛麵包店，一買也都買不少，所以那段時間每天的下午茶是麵包，隔天早餐繼續吃買來的麵包。或許是一股熱忱使然，即使這麼密集地吃麵包，也絲毫沒有厭倦。每嘗一口，心裡的評斷、分析便油然而生，完全不需要筆記，已在內心形成了一張高雄麵包地圖與評比。

當時，高雄麵包店的主流還是軟麵包，及台式肉鬆麵包、蔥麵包，有餡料的甜麵包也不少。不少人拿來當作早餐餐點，形塑了麵包的樣貌——凸顯副食材，和歐洲單純佐餐、吃原味麵包有很大的差異。高雄麵包店的麵包單價並不高，譬如奶酥麵包、紅豆麵包可能只賣十八、二十元。因為是同行，從這樣的售價多半就能推估店家食材的標準，基本上不太可能真材實料。舉例來說，一包售價三十元的鮮奶吐司，裡頭鮮奶含量可能有待商榷，也許是使用了更多的奶粉和香料。

製作丹麥、可頌、裹油類麵包的店家則是少之又少，是兩隻手可以算出的數量。對於經過四年蹲馬步，擁有製作法國長棍、丹麥麵包技術的我來說，無疑是一劑強心針，讓我信心度大增。在查訪市場之後，我甚至打算調高歐式麵包的比例，展現我的獨特性。

起初，我只想要取一個很簡單的店名：麵包。可行度似乎不高，畢竟過於簡單，且完全不具任何品牌形象。後來，找到了法文的「Le Pain」，字面上的意思就是「麵包」。不但符合我原始訴求的意象，也有了品牌性格在裡頭。八月初，我們就把這幾個字的招牌掛了上去。然而來自朋友和合夥人的建言不曾間斷，大家一致認為缺少中文的純法文名字，在南部可能會踢到鐵板，因為消費者無法記得你是誰。於是，便著手中文店名的發想。

當時整個麵包店的風格與氣氛，是從法國巴黎或歐洲麵包店擷取的靈感，我們想要呈現一家看起來溫馨、又有點年代感的麵包店，而不是一家新穎現代的麵包店。既然風格來自巴黎，何不把這兩個字放到店名裡？隨後，在動腦發想的過程，「波波族」（Bobos）浮上檯面。這大概是二〇〇〇年出現的新名詞，是美國作家大衛・布魯克斯（David Brooks）在他的著作中所闡述的。這群人，是過往追求理想生活的布爾喬亞階層和追尋新奇事物、尋求刺激的波希米亞階層的混合。也就是說，波波族像是嬉皮和雅痞的綜合體，喜愛物質生活的享樂，也對精神心靈層面有所關注。

「波波族對手工麵包，自然、有機食品，粗糙、原始質感食材的熱愛，遠勝過精緻的加工食品。」這段對波波族的描述，讓我們印象深刻，再加上波波族勇於冒險、想要嘗試新事物的精神，似乎很呼應我想在麵包品項的呈現。

Le Pain 的中文店名——「巴黎波波」，就這樣誕生。在開幕前夕的九月初，這四個字就加在偌大的 Le Pain 下方。掛上招牌，洋溢著一片歡欣，當時我並不知道，更巨大的挑戰就要來臨。●

51

53

⑦ ─ 赤字三十五萬的震撼教育 ─

我的想法很單純，覺得好東西不寂寞，東西夠好自然會吸引喜歡的人上門。當沒有人上門時，矛頭自然指向上架的麵包：是麵包不夠完美！

隨著麵包店的施工、設備的進駐，巴黎波波越來越接近完成的樣貌，創業的艱難也就跟著一一浮現。最現實的資金問題迎面而來。最初我和合夥人設定了三百萬的預算要將這家店完成，對於總坪數約四十八坪的一家店，算是合理的估計。但也許並未經過縝密的精算，一路籌備的過程預算不斷被墊高，心裡早有超支的預感。

大家都想把麵包店做得更貼近理想，我的合夥人有經營餐館經驗，想在空間設計上做得盡善盡美。而我身為一位麵包師傅，便會想把機器設備、內場規格規劃得更完善。譬如烤箱有二、三十萬的，也有上百萬的。而我挑上的偏偏要價百萬，只因我覺得這就像是八十分跟一百分的差距。消費者感受得到多少，我並不曉得，可是對於技術者來說，那是我們要追求的一個更高的標準，優質的設備才配得上頂尖的技術。

在我和合夥人彼此都想要更好的時候，預算就超支了。我還記得開店前就大概知道短缺了兩百五十萬元的資金。偏偏借錢並不是一件容易的事。當時我的薪資並不高，也沒有名氣，向銀行追加貸款當然機會渺茫。

最後，我硬著頭皮向姐姐透露資金短

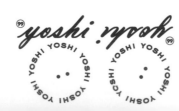

缺的問題。「有沒有可能先跟爸爸借？」姐姐這麼建議。但要我直接跟父親說，實在開不了口，於是我姐向我爸轉達了這件事。

也許和我從十幾歲就離家有關。一直以來，我和我父親都活在很傳統的父子關係的框架之中，我們沒有那麼多話可以說，加上很早就離家，真正可以坐下來或是對談的機會也不多。要親口和父親借錢，也就多了份生澀。

後來，姐姐轉達了父親作為強大後盾的支持：「你想要做什麼就去做，遇到困難的時候，家裡面會幫你。先去做，不用想錢的事情。我們會想辦法支持你完成這個夢想。」

當時的巴黎波波正如火如荼進入最後階段，我對這家店充滿期待，也深信獨特的商品一定能獲得市場青睞。對於從父親那借來的創業金，反倒沒什麼壓力。我暗自盤算，如果一天能有一萬元的營業額，一個月就有三十萬元，扣除我和學徒的人事、店租、物料成本，應該能有六位數字的淨利，應該不需要多久，就能將這救急的資金歸還。

關於麵包種類，我一心想展現較少人能駕馭的歐式麵包，但也經歷過巴蕾麵包後期市場的震撼考驗，所以還是打算推出一些大眾熟悉的軟麵包、甜麵包，像是紅豆麵包、克林姆麵包、芋頭麵包等。只是這些大約占所有品項的一半，另一半則是丹麥可頌類與歐式麵包的總和。這在當時的高雄，已經算是突破框架、非常挑戰市場了。另一個較特殊之處，是產品種類的總數大概有七十種，我想讓消費者選擇更加豐富。

不知道為什麼那個時期打從心底抗拒做台式麵包。可能是因為學習台式麵包很久之後，我才接觸到歐式麵包，所以我會覺得自己學習台式麵包的十年光陰，似乎有點浪費。如果能更早學習歐式麵包，是不是會更好？一時之間，也就把台式麵包和自己麵包之路的前十年看扁了。也因為這樣，在創業初期我非常抗拒推出台式麵包，蔥麵包、肉鬆麵包、奶酥麵包等這些在我的店裡幾乎是看不到的。

沒有任何預告或活動，巴黎波波就這樣默默開幕了。

「你們不是還在裝修嗎？怎麼就開店了！」少數進門的消費者這麼嚷嚷著。巴黎波波的籌備期長達半年，或許時間太長了，路過民眾的好奇心反而被消磨掉了。消費者的那句話，像是一記警鐘敲醒了我。但更大的驚嚇則來自開幕當天結算業績，來客數大概十來個，當中還有前來捧場的親朋好友，所有營業額僅僅三千多元。

除了來客數少，接受度也不如預期。當天賣出去的少數品項還是大家熟悉的紅豆麵包、卡士達等軟麵包，法國長棍麵包幾乎沒有賣出，就連我們要拿給消費者試吃的可頌，也不見得每個人都會拿。可能的原因，第一他沒吃過，第二他會進來這間店純粹出自好奇，他還不知道店裡的東西到底能不能吃。

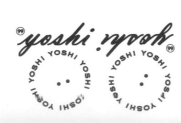

門可羅雀的情形並沒有改變，大概持

續了一、兩週，錯愕之餘，我的壓力指數也不斷攀升。內心也浮現一個聲音：是不是巴黎波波的麵包不夠好？在開店初期，我的想法很單純，覺得好東西不寂寞，東西夠好自然會吸引喜歡的人上門。這樣的前提之下，我一直覺得好的麵包放在那裡，客人看了就會來，或是他吃過一、兩次，就會認同我的麵包。當沒有人上門時，矛頭自然指向上架的麵包：是麵包不夠完美！

當時有位住在高雄的學徒跟著我一起工作，雖然沒有任何經驗，不過充滿熱血與動力。在業績不佳的巨大壓力下，只要他稍稍犯了錯，就被我放大看待。一心認定就是因為這樣，沒有把東西做到完美，消費者才不願意進來，不願嘗試巴黎波波的麵包。

開店的第二週某天，在我上樓做丹麥可頌的時候，這位學徒就落跑了。事後輾轉透過他媽媽得知，他壓力真的很大，雖然很想做好，可是達不到我的要求，又不知道怎麼跟我開口要離開，畢竟他離開後就只剩我一個人，他不忍心，也開不了口，所以選擇不告而別。

「好，你離開了，所有東西我都自己做，品質更好控制！」坦白說，第一時間我沒有太多情緒，或多或少信心還在。那時候覺得就算靠我自己一個人，還是可以做完一家麵包店的所有東西，大不了做少一點，但把每樣商品都做到最好。

一個人從早上七點工作到凌晨一、兩點的日子持續了好幾個月，外場夥伴就是當時的合夥人。門市營業結束的某天，他進到廚房幫忙整理清洗器具，便跟我說：「我們是不是應該要公休？這麼長的工時，也沒有休假，身體應該負荷不了吧？」我才稍微意識到，必須要站在其他人的角度去調整步調，才能讓大家可以比較長久地走下去。隨後便將巴黎波波改成一週公休一天。

讓我震撼的是，第一個月的財務結算——赤字三十五萬。雖然第一個月所有原物料都要叫貨付款，成本本來就比較高，不過三十五萬元還是超出預期很多。在那個當下，我才意識到除了做麵包的本分之外，我還背負著一家店成敗的壓力。若是這樣持續下去，攤提成本和損益兩平根本做不到，還要持續拿錢出來，一個月三十五萬，一年不就是四百萬。

是不是應該做一些調整？我不斷地自問。可是矛盾的是，哪怕做了調整，知道巴黎波波的人還是很少。最現實的問題恐怕不是賣了多少麵包，而是巴黎波波這家麵包店慘澹的知名度。●

⑧ —打開知名度的「入門款」—

你可以跟客人說法國長棍麵包買回去抹奶油、明太子就很好吃，但絕大部分的消費者會希望你直接抹明太子拿出來賣。

巴黎波波開店一個多月後，我曾在他店裡工作的麵包師傅野上智寬也特地從台北到高雄看我。野上智寬是台灣烘焙業界的前輩，他的造訪讓巴黎波波在業界稍稍打開知名度，不少業界同行都跟著他的腳步前來瞧瞧這家新店。當時的巴黎波波算是和市場脫節的麵包店，同行來看都覺得不可思議。「怎麼開得跟餐廳一樣？做的都是歐式麵包。」當時在南部，這類型的店寥寥可數，大家都不看好這一家店。單純只賣麵包的店就已經很少了，更何況巴黎波波還主做非市場主流的產品。

從有助理，到我獨撐一家店的內場。起初我怪助手沒做好而讓巴黎波波未獲肯定，換我自己主導一切時，生意卻也依舊慘澹無起色。請顧客試吃、發傳單等也都盡可能地嘗試，怎料都沒有太大迴響。做一些市場主流的麵包，我又拉不下臉。工時從早上七、八點到隔日淩晨兩點，加上工作區域分散在一、二樓，身體能量自然消耗殆盡，但最沮喪的，還是無法獲得消費者的認同。

自我懷疑偶爾會來敲門。打烊後，還要把沒有賣完的麵包包起來、整理環境器材，才騎著摩托車回家。當坐在家裡吃著中午便當的時候，心底偶爾會浮現：「這個決定是對的嗎？如果今天仍在當麵包店師傅，壓力小，待遇更好，不是很不錯嗎？」

期間，我的師傅張家豪也到店裡來短暫幫忙兩、三天。他可能知道我一個人苦撐一家店，所以特定南下高雄來幫忙，讓我不會這麼疲累。事後，他也給了我一些突破困境的建議。「不管你有多大的理想和抱負，你必須要在市場能夠持續地存在，如果一直沒有獲得消費者認同，那要支撐一家店其實有困難。」他沒叫我放棄法國長棍麵包或可頌，而是思考除此之外，還有沒有更吸引、貼近消費者的麵包品項？

於是，我開始增加不少日式麵包，希望藉此讓消費者願意打開門進到麵包店。或許在買麵包的同時，他會想要試試我想介紹給大家的法國長棍或可頌。只要他願意走進來，我們就有機會向他推薦或請他試吃。只要來客數變多了，願意嘗試的客人也會越來越多。

在麵包商品上我也做了很多調整。哪怕是軟麵包，我也希望巴黎波波的軟麵包和其他麵包店有一些差異。好比熱狗麵包，我多放了洋蔥、甜醬瓜、梅子醬，賦予它更豐富的味道，是市面上罕見的。當然，重點還是要好吃，只是製作的程序和食材都更多。

至於消費者本來就很難接受的法國長棍麵包、丹麥或歐式麵包等，同樣加入大家熟悉的元素作為誘因。以丹麥可頌類商品來說，有沒有可能在丹麥麵包上頭放上水果？消費者直接看到熟悉的水果在丹麥麵包上頭，看起來就會比較誘人。當然我很喜歡經典的原味可頌，可是這些豐富副食材的丹麥，就會變成入門款。以麵包師傅的角度，當然會覺得入門款是原味可頌，可是站在消費者的立場，會需要一些吸睛的熟悉食材作為誘因，更簡單直接地呈現。當他們吃過之後，覺得巴黎波波的丹麥可頌麵包好像不錯，那下次就有機會試試看原味可頌。

又比如我開始做明太子口味的法國長棍，或鋪了培根、毛豆等餡料。視覺上的豐富，其實就是消費者想要的。消費者並不期待我告訴他們怎麼吃，你可以跟客人說法國長棍麵包買回去抹奶油、明太子就很好吃，但絕大部分的消費者會希望你直接抹明太子拿出來賣。

漸漸地，巴黎波波的生意有了改變。半年之後，《壹週刊》的資深記者高靜玉前來採訪，巴黎波波的知名度又再往上竄升，達到前所未有的高峰。記得那次的採訪在二〇一二年二月出刊，之後正逢二二八連假。那是巴黎波波第一次還沒開門，外頭就排滿人龍。

一開門當然是人聲鼎沸，《壹週刊》報導的那幾款麵包瞬間銷售一空。當時我仍維持一個人製作，我想消費者想嘗鮮有可能是短期效應。但之後的一個月，雖然沒有像報導出刊時那麼瘋狂，已經有更多消費者認識到巴黎波波。那時我發現自己一個人已經快撐不下去了，從開店前就馬不停蹄，到開店長達半年的慘澹經營，身心壓力的挑戰極大。雖然已徵人幾個月時間，但一直到《壹週刊》出刊之後，才徵到第二個員工。

自此，巴黎波波也有穩定的來客數，

至少都會有一百多，不像前期的二、三十人。不管是附近的居民，還是其他地區的高雄人，都開始知道巴黎波波。雖然不見得人人都喜歡我們的麵包，可是至少他們知道有家麵包店，有個認真的麵包師傅，賣起了不太一樣的好吃麵包。●

↓不管你有多大的理想和抱負，你必須要在市場能夠持續地存在，如果一直沒有獲得消費者認同，那要支撐一家店其實有困難。

63

Chapter 2

YOSHI YOSHI YOSHI YOSHI

YOSHI YOSHI YOSHI YOSHI

修煉

①——麵包串起的緣分——

標準的食譜不再是唯一，而是自己能否透過麵粉的調配與製程的調成，創造屬於自己風味的食譜。

飛機降落在日本成田機場後，通過海關、提領行李，「富華股份有限公司」總經理朱志豪和我一路風塵僕僕，搭車前往東京西邊的近郊立川市，一個從東京市區開車還得花上一個小時半的小城市。

辦理房屋短期租賃事宜，也到超市採買日常生活用品，簡單交代後，朱志豪便離開了。我獨自待在租屋處，心裡計畫著八、九點就得上床睡覺，才有足夠的休息面對明天清晨四點的報到。或許因為興奮，也或許因為時差，並未早早睡去。

凌晨三點多，天都還沒亮，深怕睡過頭，手機裡設定的好幾個鬧鐘陸續響了。我步行出門前往不到五分鐘就能抵達的「Monsieur Ivan」（ムッシュ イワン）立川店——這是此行的唯一目的地，未來六個月實習的麵包店。

從初夏開始一直到有點涼意的十月，這是我夢寐已久、長達半年的實習。當時的巴黎波波已經開業兩年多，逐漸在高雄打響名聲。雖然店務按部就班地在常軌之上，然而一家麵包店的主廚將出任務不在半年，仍是有點不可思議。

渴望，終究讓我克服萬難，讓這件事成真。

印象很深的，總是在日本麵包師傅來

台講習分享時，聽聞他們凌晨三、四點就得上班製作麵包，還有種種艱難的工作環境。真是如此嗎？日本的麵包師傅怎麼面對如此高壓的工作？

曾經，我也和我的師傅——「慶祝麵包」的創辦人張家豪及同業一行人前往日本九州南阿蘇的麵包店「めるころ」（Merukoro）實習一週。但一週的時間畢竟短暫，即便有不少的技術交流，仍然能感受到對方還是把我們當成客人，不像對待員工一般嚴厲要求。那次的實習中，有位員工上班遲到了。他先到廚房向主廚道歉，可是主廚並未搭理，他也就獨自站在那裡。十分鐘過去，主廚走向他：「去向所有人道歉。」這是令人震撼、講究紀律的日式工作環境。

回來之後，我便向安排此行的富華股份有限公司董事長朱正雄表達，「如果以後還有機會，我想到日本實習更長的時間，真正融入他們的團隊。」我想親身體會，什麼是日本職人精神。

二〇一三年初，當朱正雄打電話告訴我 Monsieur Ivan 的實習機會時，我連這家店在哪、負責人是誰都不知道，便一口答應了。緊接著花了點時間安排巴黎波波店務營運之事，並惡補日文。不到五個月，我就踏上這趟旅程。

摸黑上班的第一天，清晨四點前我踏入 Monsieur Ivan 立川店，問候大家後，店裡的人領著我換裝，進到廚房。內場的師傅們比我想像中來得平靜，看得出來他們並不是剛抵達，好像已經來了一陣子。後來才知道，在 Monsieur Ivan 因應活動出攤，麵包需求增多，師傅得提前到淩晨兩點上班，一個月中往往有一半是如此。

首日的震撼來自午休時間。經過數小時的忙碌，得以短暫休息，但所有人都沒有打算外出「吃飯」。有些人不吃，有些人以店內前一天的麵包簡單果腹，沒有任何一個人外出或拿出便當來吃。「我可以吃什麼？」飢腸轆轆、渴望米飯的我向店長提問，也許看我初來乍到，他烤了一個披薩給我。原來他們在工作時，總是保持在一個警醒的狀態。隔天開始我也加入他們的行列，只是早起之後必定吃飯配菜，把自己餵飽免得體力透支。

前幾週的時間，由於我的日文還停留在說簡單單字的程度，並沒有被指定該做什麼，反倒是我逢人便問：「我可以幫忙嗎？」既然不是來觀摩的，想融入這個團隊，了解日本職人精神，就不能把一切當成理所當然。當然也不能挑工作做，凡是他們請我做的，無論什麼項目，麵包成型也好，清潔事務也是，我必定欣然接受、認真執行。

Monsieur Ivan 立川店坐落於立川火車站近郊，就在複合式商場的一樓。大片的落地窗，從遠處就能看到裡頭的動靜，甚至廚房工作區域也一覽無遺。八點開門，六點結束營業。這也是為什麼廚房團隊得至少在淩晨四點上班，這樣才趕得上八點時上架各式各樣新鮮出爐的麵包。在 Monsieur Ivan 的官網，它們這麼形容自己：本格麵包。本格，在日文當中表示事物原本的狀態、形式，有著真正、正宗之意。架上應有盡有的品項，從日式麵包、歐式麵包到調理麵包，滿足著不同需求的顧客。

創辦人小倉孝樹是日本麵包大師，師承日本飯店烘焙體系，由他創立的 Monsieur Ivan 在日本擁有多家分店，他也就在各店之間巡迴工作。開始實習沒幾天，我便在 Monsieur Ivan 立川店碰到他。沒有大師的架子，他跟著我們所有人一起製作店內的麵包。

一開始我和大夥的互動並不多，也只是擔任協助的角色。僅靠著觀察，了解實際作業。但隨著時間推移，我開始積極發問。一直以來，我都不是一個很會主動問問題的人，因為不想造成別人的困擾，不過人既然都到了千里之外的日本，實在不想留下遺憾。於是，只要有任何疑問，我便以三腳貓的日文開口發問找尋解答。

工作認真、沒有設限的態度或多或少幫了不少忙，讓團隊的人更樂於幫我解答，甚至會在下班時主動詢問我：「還有什麼疑問？有什麼想知道？」有時候，日文無法完全溝通時，大家也會寫起漢字來增加我的理解，抑或回家思考再來解答我的問題。

氣氛的轉變相當明顯。一開始廚房團隊有點冷眼旁觀，或許也想看看這位來自台灣的麵包師傅到底是不是來真的。當我主動詢問，也什麼都願意執行時，他們漸漸地把我當成團隊的一分子。後來我才聽說，更早之前也有一位台灣人來 Monsieur Ivan 立川店實習，只是經常請假、偏向玩樂等工作態度讓他們與小倉孝樹都大傷腦筋，也就對短期實習者有所觀察。

到了中後期，我已算是廚房團隊不可或缺的人，實際在麵包成型的任務中占了一個角色，是排班表上跟大家一起輪班的人。之所以沒在烤箱前烤焙，是因為這個角色可能接觸到顧客，必須得日文流利；而麵團攪拌的工作，涉及配方及對日文的理解能力也不適合我。

我觀察到團隊成員在工作時，甚少交談溝通，不過整個廚房的麵包製作流程卻行雲流水，沒有不知道該做什麼的員工，亦無銜接不上的窘境。這份充分理解工作內容且積極補位的團隊精神，讓我肅然起敬。每每工作下班回到家時，我還在腦海中細細回想製作流程，期許自己也能與大家無縫接軌。

有時候，小倉孝樹甚至帶著我和另一位助手赴外講授、分享麵包製作的講習會。這對我來說，是肯定，也是種責任。跟著他出去雖是增廣見聞，卻不是無所事事。講習會上要示範的麵包製作，包括麵粉秤重、攪拌、成型、烤焙、器具準備清潔等等都得一一打點，甚至小倉孝樹在示範時，身為助手的我們也得全神貫注。當他在分割麵團時，就得準備麵團箱和鐵盤；當他拿起麵團時，可能就要去準備餡料；烤焙前若要刷蛋液，就得提前去準備。「不但不能落拍，還得比他早一步。」這不是工作規範，而是團隊默契的自我期許。

小倉孝樹經營的 Monsieur Ivan 因應分店所在地區的客群，銷售的商品也略有差異，然而麵包的本質有著一貫的精神——透過混合多種麵粉及利用長時間發酵替麵包帶來豐富的層次與風味。很難想像Monsieur Ivan 一家麵包店竟有高達十六種不同的麵粉，且光一款麵包就可能混合數種不同的麵粉，各有其目的。舉例來說，店內的法國長棍麵包算是小倉孝樹的自信之作，就用了五種麵粉，各來自不同麵粉廠，擁有不同屬性，包含高筋、中筋、低筋和烏龍麵專用粉等等，利用麵粉不同的蛋白質與灰分[5]，做出一款好吃且適合日本人食用的法國長棍麵包。

這對我猶如是一個嶄新的世界，小倉孝樹也知道。在說長不長的六個月期間，他和店內的師傅也大方和我分享這當中的心法與邏輯。「真的有這麼多種麵粉？」從一開始的好奇，到後來逐漸解開這當中的謎題：原來每款加到配方的麵粉都是連動的、都有其目的；烏龍麵專用粉可以增加咬斷性；組合高筋與低筋麵粉不會變成中筋麵粉……最後，我對於「混粉」這門麵包製作的技術，也有了基本認識。

以前在台灣學做麵包，配方取得似乎是件很重要的事。去哪上班，可能某種程度是為了拿到那家店主廚的配方食譜。Monsieur Ivan 卻讓我徹底改觀。標準的食譜不再是唯一，而是自己能否透過麵粉的調配與製程的調整，創造屬於自己風味的食譜。

半年的時間很快來到尾聲，說實話，要離開 Monsieur Ivan 立川店，確實有點不捨。那是一段純粹學習、精進自我的日子，不像店舖經營，還得思考營運的方方

5. 存在於小麥麩皮與胚芽等部位的礦物質。

面面。除了麵包製作、麵粉調配等技術的收穫之外，意外地，我和店內的廚師及小倉孝樹之間也建立起深厚的跨國情緣。回台之後，我和 Monsieur Ivan 立川店內場的廚師們在社群上多有互動，小倉孝樹也定期與我通電話聊天問候彼此。爾後，我參加比賽、他的新麵包店開幕……各種重要的時刻，彼此也都親赴現場、加油打氣。

不可思議的是，已屆六十多歲的小倉孝樹現在仍活躍於麵包生產製作的第一現場，沒有因為是品牌創辦人而只動口不動手。令人感佩的日本職人精神，不言自明。製作麵包超過半世紀的他常說：「因為酵母是活的，所以對我這位做了五十多年的麵包師傅來說還是很難，而且我常常在想，還有什麼地方可能再做一些調整？麵包已經和我的生活緊緊融合在一起。即便如此，只要看到消費者喜歡我的麵包、愛吃我的麵包，就是最大的動力。」

從未想過要退休的他，就是這樣一直在麵包製作、經營的道路上不斷前行。自從向他拜師學習後，我也感染到他這份堅毅的態度，期許自己在未來之路，也能和他一樣，不斷地做出好吃的麵包，分享給更多人。同時，也讓夥伴及更多麵包師傅感染到這份對於麵包的熱忱與執著。●

継続は力なり！
monsieur IVANより
陳さん、ありがとう
私たちは、決してあなたを忘れませ
开心了，并且在日本
又来了的时候，
请顺路去イワン!!!

↓製作麵包超過半世紀的他常說：「因為酵母是活的，所以對我這位做了五十多年的麵包師傅來說還是很難，而且我常常在想，還有什麼地方可能再做一些調整？」●

75

② —踏出廚房的第一步—

不斷去學習自己所不知道的，雖然過程可能會失敗，可是一旦學會，那個開心的心情是無法取代的。

沒有太多的思考，我便決定參加「路易樂斯福盃世界麵包大賽」。

那是創立巴黎波波的第一年，我覺得自己的技術有點停滯，沒有退步，可是也沒有進步。前期因為人手不足，我每天都在工作，光是專注在每天可以把麵包做完就很困難了，根本不可能有額外時間進修或研發。

偏偏在這個資訊流通神速的時代，麵包的技術與資訊不斷推陳出新。開店的那一年我深陷在搶救慘澹營運的泥淖，完全分身乏術。相對地也有點封閉，沒有多餘時間去上課、學習。危機意識油然而生，感覺自己沒跟上產業前進的速度。這或許跟我學歷不高、只會做麵包有很大關係，我沒有別的武器與人競爭，如果連做麵包都輸別人很多，那怎麼可以?!

對我來說，學習所有關於麵包的新事物，是快樂的源頭。不斷去學習自己所不知道的，雖然過程可能會失敗，可是一旦學會，那個開心的心情是無法取代的。所以我也想藉由比賽，讓自己再次充電。

另一方面，麵包比賽的作品多半會使用台灣在地的特色農作物，當時的麵包店絕大部分食材都由食材商、原料商供應，而非農民，更不會是小農。如此一來，我對於食材的想像有所局限，主動開發新食材的機會也少之又少，特別是在地食材。

先在台灣地區競賽，選上之後代表台灣出國比賽，所以食材必須要能凸顯台灣特色。無論是經常被選用的果乾或罕見的農特產，都能助攻詮釋台灣風味，彰顯特色麵包。什麼是台灣味的麵包？怎樣讓不認識台灣的人藉由麵包風味來認識台灣？這讓我躍躍欲試。

路易樂斯福盃世界麵包大賽台灣代表的選拔分成三個不同階段：二〇一二年初審、二〇一三年複賽與二〇一四年三月決賽。初審採用書面審查，參賽者將作品的照片、配方、設計理念寄送到中華穀類食品工業技術研究所，它們從中挑選六個人參加複賽實作。最終再由六位選出三位與另一個主辦單位台北市糕餅商業同業公會選出的三位，在烘焙展上進行決賽。勝出的冠軍則代表台灣到法國參加路易樂斯福盃麵包大賽。

這個比賽的初審與複賽項目我完全鎖定在歐式麵包，以法國長棍麵包、天然酵母麵包、國家特色麵包、健康營養麵包四個品項為競賽內容。決賽時，則再加上三明治、變化型法國長棍麵包兩個項目。法國長棍麵包我苦學了兩年，要在比賽中製作出品質一致的完美長棍麵包並非太困難，信心算是有的。不過天然酵母麵包、國家特色麵包與健康營養麵包，就讓我傷神許多。

決定參賽到繳交書面資料的初審截止日期，約莫有三個月的時間。開店做麵包所剩的時間，我也就開始投入比賽項目的設計。主辦單位規定天然酵母麵包得使用魯邦天然酵母，這是巴黎波波沒有使用的酵母，我對魯邦菌種的認識等於得從零開始。最先求助的對象是當時的女朋友、我太太李新惠。她那時擔任「大地烘焙」的主廚，店裡就有魯邦菌種。從她手上，我拿到了魯邦天然酵母，準備開始製作天然酵母麵包。

至於國家特色麵包，方向很大，卻是千頭萬緒。什麼樣的食材所勾勒的味道，能和台灣有連結？讓人一吃就能想到台灣，或是能從中說出更多故事？找尋食材是我過去從來沒有的經驗，因為參加這個比賽得踏出第一步，實際上卻不知道怎麼開始。一開始只能土法煉鋼，從台灣頗富盛名的水果著手。攤開一年四季水果盛產資料，深入了解每項水果的品種及栽種技術。同時，也研究水果的相關加工品，特別是果乾。

一開始是到高雄三鳳中街找果乾，這有點像台北的迪化街，供應琳瑯滿目的乾貨。現場一攤攤試吃挑選，理解市場上各種選擇。雖然無法直接前往產地或接觸農民，但對於一位長期待在廚房的麵包師傅來說，已經打開一扇對外的窗，窗外滿是豐富的風景。

果乾之外，也同時尋找與其搭配的台灣味特殊食材。當時烘焙業界流行使用茶葉，我不想重複。便諮詢了長期耕耘原住民族部落的哥哥，想從他的視角看看能否有什麼新發現，後來我哥哥拿了部落的刺蔥與馬告給我。

其中馬告在味道的個性頗為鮮明，初次品嘗時，就在舌尖留下深刻的印象。後來也嘗試了醃漬過的馬告，小小一顆看起來像黑胡椒，又帶點鹹味。馬告的味道給人的刺激算是非常高，並不是一般人可以接受的強度。不過這對麵包烘焙來說反而不是一件壞事，畢竟食材融入麵粉與麵團中，還得經過高溫烤焙，味道會稀釋很多。

我試著將馬告乾燥後磨成粉，再加到麵粉當中，將歐式麵包與馬告的風味做結合。光是烤製的過程，馬告清新的薑、檸檬、香茅香氣就滿室馨香。這時候，才稍稍對於馬告作為國家特色麵包的主要食材有了信心。接著要做的，便是再找一個與馬告風味搭配的果乾，將兩者的風味調和在一起。酸味為主、甜味為輔，是我腦海中對於這項果乾風味的想像。後來，找到了宜蘭聞名的金棗乾，酸中帶甜，與馬告風味的融合度頗高。

途中，當然也有超多失敗的嘗試。我總想著怎麼設計出獨一無二的麵包款式，反而找來許多無用的食材。像是楊桃乾，聽起來很特別，但烘焙後的風味完全沒有辨識度。在比賽過程給予我很多建議的新惠往往會提醒我，應該把重心放在製作流程的編排和演練，而非每款麵包都得是曠世巨作。只是當時一心想嘗試的我聽不進去，多半是碰壁失敗了才服氣地放棄。

這形成隱形的時間成本。特別是麵包需要發酵，一整天下來，每款麵包出爐後頂多吃個一兩口，如果沒有過關，也無法馬上再做其他款式，而是另外需要一整天或八、九小時重新來過。那麼，這一天也就是徒勞無功。

很幸運地，我繳交的書面資料通過初審。接著要參加複賽，在八小時之內做出所有麵包品項，每個品項十到十二個數量。

初審完或許很開心，可是這其實是我人生第一次參加現場製作的比賽，說實話，並沒有一個明確的練習方向。還好新惠擁有豐富的比賽經驗，我從參賽之初，便向她請教並進行沙盤演練。包括麵包的設計、遇到突發狀況該怎麼化解、該注意哪些事情等等，她都慷慨與我分享。

最後，我們編排了一份時間流程表，以十分鐘為單位，八個小時，等於會有四十八個重點。乍看或許會覺得很繁瑣細碎，不過事情的本質就是由微小之處一點一滴累積起來的。逾時未完成，是比賽大忌。以十分鐘為單位的練習，不但易於掌控節奏，就算某個步驟稍有延遲或失誤也還來得及從後面的流程做補救。

雖然在複賽之前，我只針對全部八小時的流程完整演練了兩次，不過由於製作的數量並不多，時間還算充裕。那一次，所有的選手都提前二、三十分鐘完成，時間掌控得宜。比拚的，便是回歸麵包的本質——外型和風味。最終，我拿下了第二名，成功擠進決賽。

決賽並未緊接著舉辦，而是一年多之後的事情。因為獲得第二名，我想這個風味的設定上似乎頗受評審青睞，因此我並未打算更改配方或設計，只是計畫將複賽的品項在決賽中再次呈現。這之間，我還跨海到日本知名麵包師傅小倉孝樹的麵包店實習了半年之久。

二〇一三年九月，距離決賽約莫還有半年，主辦單位公布最後的競賽內容。除了原本的天然酵母麵包、法國長棍麵包、國家特色麵包、健康營養麵包之外，還多了變化型法國長棍麵包及三明治。更具挑戰的是，每款麵包需要製作的數量，都比原先複賽時多了一倍，可是時間一樣只有八小時。主辦單位考量冠軍是要代表台灣到法國比賽，所以提高了技術門檻，期待選手們能夠在技術與速度上具備一定的水準。

嚴苛的考驗還有決賽現場的設備非常有限，像是烤箱只有兩層。試想複賽是用四公斤麵粉去做一款麵包，在決賽因為數量增加可能要用到五、六公斤。即便攪拌的時間是一樣的，可是麵團分割、成型的時間都變長了。烤箱的層數也不夠，麵包又要分兩次烤。等於每個品項都多了好多步驟，時間明顯不足。

面對眼前這個「不可能的任務」，我還曾經跑去問主辦單位：「規定真的是這樣嗎？」得到肯定的回覆後，只能回頭自己先試著做看看。即使八小時不間斷一直做，仍然逾時將近一小時。為此我還向其他參賽者打聽時間壓力是否很大，大家都異口同聲地說，時間根本不夠。

看似無法達成的目標，只能硬著頭皮想辦法一步步往前邁進。●

Andy Warhol
THE FACTORY
New York City

③ —第一次站上麵包競賽的舞台—

「沒關係，就當是個經驗，下次再來！」一聽到這話，累積數個月的壓力瞬間釋放，淚水就此決提，所有的不甘心、自責、挫折、辜負……都在那刻宣洩而出。

那段時間，我的日常只剩下麵包與短暫的睡眠。通常白天我得專注在巴黎波波店舖的營運，等到工作告一段落，約莫五、六點就是練習時間。因為要跑完完整的八小時流程，結束時往往已是凌晨兩、三點，再將現場收拾還原，回到家稍作休息，七點半就得再到麵包店開始製作販售的麵包。

為了縮短時間，開始逐一思考流程，凡任何有機會縮減的，我都不會放過。外型的複雜度是少數我不肯妥協之處，畢竟是比賽，若只是製作簡單造型的麵包，即便可以準時完成，也無法拿到好成績。其他不影響到風味的，就盡可能想辦法「偷時間」。譬如麵團發酵從兩小時縮減為一個半小時，風味可能有些微差距，但仍在可以接受的範圍。

到了後期，甚至連喝水、穿的鞋子都要調整。我本來都穿勃肯鞋，但穿上根本跑不快，後來就改成球鞋。盡量不喝水，這樣就不用花時間跑廁所。真的撐不住的時候就喝汽水、沙士等碳酸飲料，比較能夠振奮精神。為了減少移動，自己準備工作桌，所有器具都擺在上頭，當需要器具時，一轉身就可拿取，繼續做下個步驟。類似這樣，把任何想得到可以縮短時間的方法都用上。

一直到比賽的三月分，我都還沒辦法在八小時內完成任務。住在台北的女朋友新惠還特地南下協助我，幫我把每個步驟所花費的時間分別記錄下來，事後再進行總檢討。當無法再省略什麼的時候，只能告訴自己再加快一點。八小時從第一分鐘開始，要一直很緊繃地到最後一刻。

反覆不斷地練習，好不容易才在比賽前夕，可以準時完成。雖然沒有提前、沒有餘裕，但比賽現場的場地不大，移動範圍更小，勢必所花費的時間會更少。這時回頭看才發現原來認為不可能的任務，就在拚搏之下達成了。

比賽的場地位在南港展覽館，當時正值一年一度的台北國際烘焙暨設備展。因為比賽當天五點半就得進場，所以前一天我已帶著麵團箱、擀麵棍、刀子等兩台推車的器具來到台北。我滿腦子全是比賽的流程，甚至一度還想再練習一遍。然而新惠阻止了我，「比賽要消耗很多體力，而且平常的練習夠了，所以什麼事都不要再想了。」

第一次站上公開的場合比賽，又正逢烘焙業界盛事，說不緊張是騙人的。擔心做不完、會逾時，腦子想的都是流程。比賽時，無法做完一種麵包再做另外一種麵包，彼此的順序需要交叉，所以必須把流程表裡前後銜接的事項記得一清二楚。如果做完停下來想，時間可能就會被浪費掉了。

比賽開始，我可以說是心無旁騖，沒

時間在意現場的環境，就連十點之後開放一般民眾入場，比賽區域多了圍觀人潮，也並未打擾到我。一直到比賽快結束時，抬頭一望才發現，原來我父親、新惠、我前往日本跟隨實習的麵包大師小倉孝樹都站在前面圍觀。我並不知道他們站了多久，但支持與關愛的濃厚心意，我瞬間感受。

八小時是個漫長的過程，卻也在一分一秒的流逝之中來到尾聲。最終，在時間截止的前幾分鐘，我完成任務了。結束的當下，腦子沒辦法多做什麼思考，只是等待評審結果出爐。

參賽的六人之中，只有冠軍才能代表台灣出國比賽。然而，在第三名就喊到我的名字了。有點意外，畢竟我在複賽時是第二名，來到拚了命練習的決賽，心裡當然有所期待，不是第一名，至少也要是第二名。上台領獎時，勉強擠出笑容，實際上心裡還是有一股恨鐵不成鋼的不甘心。

一頒完獎，我只想找個地方躲起來。我的指導教練是烘焙業界的大師野上智寬，比賽前又到日本跟著大師小倉孝樹實習了半年，他們兩位都在比賽的現場。受到眾人的協助與鼓勵，結果不如預期，巨大的挫折感讓我完全不知道怎麼去面對大家。我有點躲躲藏藏，避免和他們碰到面。

偏偏我和新惠要離開世貿展場時，就在走道碰上野上智寬。當時，他的太太安慰了我：「沒關係，就當是個經驗，下次再來！」一聽到這話，累積數個月的壓力瞬間釋放，淚水就此決提，哭得唏哩嘩啦，所有的不甘心、自責、挫折、辜負……

都在那刻宣洩而出。

比賽完的那一、兩天，我處於一個吃不下也睡不著的狀態，想不通為什麼會有這樣的結果。於是意氣用事地跟新惠說：「我以後再也不會比賽了！」回到高雄，繼續忙店舖，暫時先拋掉比賽的種種。

比賽就像一個休止符，讓一切戛然而止。雖然我走出廚房，跨出了尋找食材的那一步，可是在成績不盡理想的狀況之下結束，並沒有讓這個收穫有所延續，進而把新發現的食材套用在我的商品。馬告放在冰冷的冷凍庫裡，而金棗也被晾在一邊。

半年之後，我偶爾還是會和新惠提到比賽的事情。其實我心裡總有個疑惑，想知道到底為什麼會輸。漸漸地我也能更持平地看待這件事，或許我的比賽作品整體都不錯，然而在細節、細膩度還是不夠好。譬如糖漬的金棗有很重的糖分，它在烘烤過程當中可能會滲透出來，因為沒有纖維的保護，在高溫烤焙下會有點焦，造成風味的瑕疵。

即便發掘到可能的原因，自己也慢慢可以接受，但在那個時期，總覺得參加比賽與店舖經營是兩條平行線，沒有在我身上發生什麼改變。然而現在再回過頭來看，凡走過必留下痕跡。當我再度踏上比賽之途，這些曾經的挫敗與歷練，都是前進的養分。●

④ —Mondial du Pain 台灣選拔—

我們竭盡瘋狂地練習，像是沒有退路，「像神經病一樣，覺得上一次比賽好像哪裡不夠，所以這次要加倍補回來，不要讓自己再有遺憾。」

「你要比賽就比，不要一天到晚在那邊碎碎念！」

我太太新惠終於受不了，自從二〇一四年路易樂斯福盃世界麵包大賽輸了之後，從絕口不提到時不時拿出來提。那場慘遭滑鐵盧的比賽之於我，像是走不出的陰霾，無法忘卻、揮之不去。

來到二〇一四年底，懷著好奇的心情，我和新惠一起觀摩了另一個系統的比賽——「Mondial du Pain」台灣代表選拔。這個選拔和路易樂斯福盃世界麵包大賽大不相同，參賽者和參觀者皆可試吃任何參賽選手的作品。此次身為參觀者而非參賽者，從中我獲得了和親自參賽完全不同的收穫。我和太太從這些作品的食材搭配、造型、口味，彼此相互討論，進而獲得不少創作發想的靈感。

從旁觀者清的客觀角度思考先前比賽的失利，自己在細節的掌握度似乎沒有拿捏好。如同那時的馬告金棗麵包，糖漬的金棗糖分高，在烘烤過程滲出的糖液產生了焦苦味，且馬告又不是人人熟悉的食材，我也並未在說明時多作著墨。「如果再來一次，或許更有把握，也更知道怎麼調整得更完美。」這是當時心裡瞬間閃過的念頭。

然而念頭只是念頭。Mondial du Pain的難度門檻更高，這個由法國最佳工藝師 Meilleur Ouvrier de France（簡稱 MOF）發起的比賽，參賽者必須帶著一位小於二十二歲的助手，在八個半小時之內製作出傳統法國、變化型法國、健康營養麵包、有機天然酵母麵包、國家特色麵包、三明治麵包、折疊裹油麵團、甜麵團、藝術麵包等。製作的品項更廣、更全面，這樣的難度好像有點超出我的能力範圍。

之後的一年，我就在兩種矛盾的念頭之間游移。一會兒想到可以突破自己而想參賽，一會兒又因失敗的陰影害怕參賽。新惠也許對這話題感到厭煩，也或許旁觀者清，她提醒了我，每兩年舉辦一次的 Mondial du Pain 參賽選手是有年齡限制的，必須小於四十歲。「就算沒選上，但至少你有去參加選拔了，可是如果你不去，等過了比賽年齡限制，你可能會一直懊悔，為什麼當初不去？」

到底要不要給自己再一次機會嘗試？我捫心自問。除了逼近不惑的年紀，我更想要對自己的麵包生涯做壓力測試。究竟我的技術具不具備和世界接軌的水準？站在富有底蘊的麵包文化國度做麵包競賽與交流，是身為麵包師傅的一大夢想，只是真正可以完成的人並不多，因為能代表台灣出國比賽的，只會有一個人。

心底的答案呼之欲出，二〇一六年，三十六歲的我毅然決然地重新站上麵包競技的舞台，參加 Mondial du Pain 台灣選手選拔。

當務之急，是找到小於二十二歲的參賽助手。新惠推薦了她就讀私立開平餐飲職業學校的學妹周小槿，當時她正就讀國立高雄餐旅大學，雖然沒有麵包製作的實務經驗，不過她在開平餐飲職業學校時也征戰不少台灣各地的麵包競賽。很快的，周小槿允諾成為我在 Mondial du Pain 比賽的助手。

趁著周小槿課業的空檔，我先針對幾款麵包的製作教學，讓她可以快速理解流程與細節。另一方面，我也同步著手書面資料的準備。麵包品項得繳交作品成分表及照片，這意味著麵包的風味設定現在就必須到位。

要做出有新意、美觀的麵包造型並不會太難，反而是風味佳又好吃的麵包才是困難的核心。就連我熟稔的法國長棍麵包也會需要重新設計配方與製程。

很多人會說：「你法棍的製作已經那麼嫻熟了，還需要在味道上做什麼調整？」這是因為比賽都有指定用的麵粉，在台灣的選拔多半使用台灣品牌的麵粉，這和我自己店內使用的日本麵粉、法國麵粉在風味上就有很大的差異。困難之處在於如何利用主辦單位提供的麵粉製作出我想呈現的風味。我想這只能進一步調整製程和發酵方式，因此我拉長了法國長棍麵團的發酵時間，以低溫冷藏的方式增添麵團的風味。

我還滿享受這個燒腦的過程。和上次路易樂斯福盃世界麵包大賽參賽不同，我和新惠已從男女朋友結為連理，也在高雄一起生活著。我們沒有時間與空間的隔閡，隨時隨地都可以針對競賽麵包做討論，包括助手、朋友等也都會一起提出建議。設定的麵包品項從原點不斷修正，才會成為最終的定案版本。每一次的激辯討論，對我都有不小的收穫。

比起上一次參賽，這次肩上的壓力似乎又更重了些，我的焦慮也更大。彷彿著了魔似的，心裡總會浮現「這還不夠好」的聲音。好比這一次用了十克的馬告熬煮鳳梨，在品嘗之後，便會想如果是十一、十二克的馬告，風味會不會更好？我知道這些看似微小的差距，實際上都能大大影響風味的平衡。

二〇一六年八月，初審的書面資料遞件。並沒有等待九月初公布決賽名單，我已針對十月二十七日舉辦的決賽備戰練習。倒不是說多有信心一定可以進到決賽，而是要跟時間賽跑，加緊練習。

其實在更早之前，我就蓄勢待發，針對單一麵包品項進行練習。目標便是在預定的時間內完成一定數量的製作。特別是 Mondial du Pain 的比賽並沒有提供低溫空間讓參賽者製作丹麥可頌，這和我們平日店裡專業的設備不同，所以得再設計出一個可以在室溫下製作的流程，最主要就是速度要夠快，不然油脂、層次是融化得非常快的。

即便練習相同的品項，溫度、發酵速度的差異，在在都會影響成品。多練習的目的，就是早點與失敗相遇，結束後的討論再針對問題提出解方。一個是如何把溫度控制住；另一個是再次碰到類似的狀況時，可以怎麼去修正？比如減短發酵的時間，或是讓麵團發酵的溫度降低、升高之類的。

距離比賽不到一個半月，台灣麵包大使協會公布了進入決賽的名單。經由五國五位曾經參加過路易樂斯福盃世界麵包大賽、西吉盃麵包大賽的評審匿名評選，參與初賽的七組人馬，共計有六組出線進入決賽，我和周小槿也在決賽之列。

我們開始瘋狂地練習，一練就是八個半小時以上。練一天，休息一天，也就是說一週至少有三天的練習機會。練習日的白天我依然在巴黎波波工作，等到打烊之後，七、八點開始馬拉松式的流程練習與事後討論，直到隔日清晨三、四點。結束後還得再花近一個小時收拾現場，讓來上班的人可以正常使用場地。小憩片刻，再投入巴黎波波的工作現場。

彷彿燃燒生命在練習，不斷挑戰自己的極限。即使流程提前二十、三十分鐘完成，我也不會以此滿足，通常又會轉頭思考，某些麵包的造型上是否還可以做一些調整。結果便是把麵包更複雜化，複雜到它也許只要提前五分鐘完成就可以了。「與其提早數十分鐘完成，無所事事，不如多做些什麼。」我是這樣向自己喊話的。

另一個得關注的是助手的狀態，以及我們之間的默契。畢竟當時周小槿才二十一歲，能否跟著一起負荷這麼高強度的練習與挑戰，是我得一肩扛起的責任。

這是 Mondial du Pain 獨到之處，希望藉由麵包主廚與助手的搭配，達到傳承的精神。助手如何輔助選手，達到最完美的協調，也是一大挑戰。往年日本隊沒拿到太好的成績，某些層面就是因為主廚過於嚴格，導致助手過度拘謹，什麼都不敢做，而未達比賽的「傳承」精神。

我們竭盡瘋狂地練習，像是沒有退路。新惠向別人提到這段歲月時，總是形容我：「像神經病一樣，覺得上一次比賽好像哪裡不夠，所以這次要加倍補回來，不要讓自己再有遺憾。」

加倍補回來的，還有不斷練習而產出的巨量麵包。每次近兩百個麵包，一週三次。這些被列為最高機密的參賽作品無法曝光，巴黎波波的冷凍庫也已滿載，無法容納。有些不算機密的經典款麵包會寄去部落給農民，他們總會客氣地回敬水果、豬肉、香腸等食材。但也無法太頻繁寄送，因為他們也消耗不完。多半時候這些麵包送回了我鹿港老家，由我父母慢慢消耗。即便如此，到了後期他們也都接收不了，只能請廚餘公司每天到店來收掉。

為什麼這麼拚命？一方面我想從上次比賽失利的跌倒中再次爬起、揮別陰霾。另一方面，也想對默默支持我的家人、師傅，特別是父母有所回報。邁入烘焙業二十年，一路跌跌撞撞，也還沒到達穩定的狀況，他們仍掛念著我。開店沒賺錢他們擔心，比賽沒成績他們也擔心。若能受到一些肯定，也許能讓他們心安。

這次的比賽場地在高雄展覽館，也許

是因為勤於練習，也許是在高雄有主場優勢，遇到突發狀況也有巴黎波波的團隊支援前線，我的心情和上次參賽有很大不同，安心不少。

比賽當日，現場大型的計時器開始倒數。我先分割前一日冷藏發酵的麵團，等待麵團退冰回溫時，開始做甜麵包的成型、丹麥麵包的裹油，沒有停頓地按部就班。時間過得很快，八個半小時的時限竟已來到尾聲，在最後倒數時刻，我才正式完成所有項目。

將一款款麵包分別端給台下五位評審，也特別針對國家特色麵包、藝術麵包等項目做了說明。比賽並未在當日公布結果，我們和其他組的參賽者還一同參與了「選手之夜」。根本是食之無味啊！一顆心仍懸在隔天才公布的比賽結果，只能不斷地向自己喊話：「已經有好好發揮了，不要太在意結果。」

隔日結果公布，我和周小槿拿下了冠軍。終於一吐上次比賽失利的不甘，也稍稍放下一顆緊繃的心。只是贏得 Mondial du Pain 台灣代表選拔的冠軍只能算是拿到世界賽的入場門票，接下來還有更大的戰役，要代表台灣站在國際舞台，與來自不同國家的強者競爭。我該拿出什麼作品和水準，代表台灣出賽？●

主廚
陳耀訓
助手
周小槿

97

↓彷彿著了魔似地，心裡總會浮現「這還不夠好」的聲音。好比這一次用了十克的馬告熬煮鳳梨，在品嘗之後，便會想如果是十一、十二克的馬告，風味會不會更好？●

— 讓好吃的麵包站上世界舞台 —

⑤

參加比賽，究竟是想做出自己覺得好吃的麵包？還是去想像評審喜歡什麼、就給他什麼？把這個問題釐清了，前方的道路也就撥雲見日。

一切打掉重練，從頭開始。

獲得 Mondial du Pain 台灣代表選拔第一名後，距離代表台灣到法國參賽，還有整整一年的時間。我當然也可以把內容原封不動地搬到國際舞台，不過既然時間充裕，我在心底打定主意，應該在味道、造型上都更加提升，讓所有品項脫胎換骨。

一方面我繼續著手探尋，從各路人馬打聽台灣在地食材；另一方面，也針對個別品項重新設定配方。

雖然已用馬告、金棗等台灣風味食材設計了麵包，總想著還有什麼展現台灣特色的食材可以網羅。果乾，一直是過去台灣征戰國際舞台的重要食材。可是如果只是挑一種果乾與麵包結合，似乎又不具新意，換湯不換藥。左思右想突然有個靈感：「有沒有一款由我定義的果乾？」記得之前在準備比賽的過程，我試過幾乎每一種果乾，但結果皆不盡如人意，不是太甜，就是太乾。

得知大湖地區農會有在製作草莓酒與草莓乾，實地拜訪考察後，才知道他們的草莓乾製作技法和其他人大不相同。他們先以鹽淺漬草莓，將草莓脫水，再透過糖漬製作草莓乾。大湖地區農會也很大方，願意幫我量身打造客製減糖、含水量高的草莓乾。我將市面上可見的草莓乾都買來，再從中挑出接近理想質的品項，可能是A款的甜度，B款的含水量，C款的口感。大湖地區農會根據這些線索，來製作我心目中理想的草莓乾。

原本期待濕潤的草莓乾帶來有別以往偏乾的食用經驗，只是大湖地區農會試產之後，雖然技術可以達成，卻也不見得越濕越好，因為過濕的口感通常也會隨之軟軟爛爛。經過來回調整，終於誕生一款集濕潤度與適當甜度的草莓乾。透過儀器檢測，才知道原來這款草莓乾含水量高達百分之七十。

而後，我再以草莓酒浸泡還原風味，也讓加到麵團的草莓乾經高溫烘焙後還能飽滿濕潤。這便是後來國家特色麵包類參賽作品——莓香絮語，由草莓乾、覆盆子、玫瑰花瓣和核桃，與十二小時發酵麵團結合的歐式麵包。我還特地製作了鹿港舞獅意象的刻花圖騰卡，在烤焙前放上麵包、撒上麵粉，鮮明的舞獅圖案就印在大大的麵包上頭。一切開麵包，泛出淡淡的粉紅色點綴著草莓乾、玫瑰花瓣與核桃，柔美而充滿想像。

Mondial du Pain 是個全面性的比賽，參賽者必須是該國選拔冠軍，選手與一名二十二歲以下的助手組成團隊參賽，在八個半小時內，製作出傳統法國麵包、健康營養麵包、天然酵母有機麵包、國家特色麵包、甜麵包、藝術麵包等六大類麵包。每個類別之下還有數樣不同的品項，成品的重量、外型等也都有嚴格規範。

想要換掉 Mondial du Pain 台灣代表選拔時的麵包口味與造型設計，工程自然浩大。周遭人一開始沒有多說什麼，也許心想時間還足夠，就讓我再試試看。到了後期時間緊迫，所有人都跳出來，「之前設定好的內容，為什麼要改？」「不需要幾乎全盤重新來過吧！」

多半的時候，我是聽不進去的。有些品項因著比賽條件不同勢必得修改，比如傳統法國長棍麵包在台灣比賽時指定的是台灣的麵粉，但赴法國參賽時卻是法國的麵粉。剛開始我以台灣購得的法國麵粉來做測試，便發現法國麵粉的灰分較高，對於麵團的吸水性、發酵等等都有不小的影響。

有些則是我對風味及外型的追求。是的，包括外觀造型。畢竟人是視覺動物，又容易視覺疲乏。當評審要看十幾個國家製作的麵包，如果外觀造型讓人眼睛一亮，引起食慾，勢必有了較佳的第一印象。

這也是光一個巧克力可頌，就讓我絞盡腦汁的原因，我想做點什麼不同。那個時期不論歐洲還是亞洲都很流行由兩個顏色所組成的雙色可頌，但巧克力可頌的模樣往往是長方或正方體，將巧克力夾餡捲在裡頭，「有可能讓巧克力可頌也成為雙色嗎？」我在腦中不斷反問。

從麵團的割線開始，從一開始亂轉到漸漸得出一些心得：兩個顏色最平均的呈現好像是螺旋，因為它會層層相疊。只是要怎麼將這螺旋狀套用在巧克力可頌呢？最後，我把麵團切成六條小辮子，在中間打一個螺旋，再將自製的榛果巧克力內餡放在其中，然後捲起來。

一開始的成功率極低，二十個只有一、兩個是完整的。解決穩定度與不良率的問題後，又面臨時間的壓力：如何在規定的十五分鐘，將這麼複雜的雙色巧克力可頌製作完成，且質量良好。對於經驗不多的助手和我來說，就是需要大量的練習。每天專注只練這個東西，五十支、六十支不斷地做，等到可以把形狀做固定、時間縮短了，才能把它編入流程。

重新設定麵包的過程當中，其實充滿自我辯證。初期，無論口感或顏色都很想要模擬法國當地的麵包，比如將法國可頌、法國長棍麵包烤到特定的顏色。後來內心開始產生疑慮，沒造訪過法國的我如何百分之百地複製法國風味？另一方面，這與我原本設定的麵包是有所差距的。

參加比賽，究竟是想做出自己覺得好吃的麵包？還是去想像評審喜歡什麼、就給他什麼？把這個問題釐清了，前方的道路也就撥雲見日。回歸到比賽的起心動念——讓好吃的麵包站上舞台。

進入八月，距離比賽倒數三個月，團隊也進入備戰狀態，展開流程演練。就跟 Mondial du Pain 台灣選手選拔賽時一樣，無止境的熬夜練習，麵包多到得請回收車載走。我們甚至在台灣也移地練習，把自己丟到全然陌生的環境，演練遠赴國外時需要攜帶多少器具與食材。

出國比賽前一天，我們開始整理器材

與食材，一路到清晨才全部打包完畢。到了機場櫃檯，還因行李超重而被罰了六萬多元。

我和助手周小槿、藝術麵包的設計者我太太新惠、教練王鵬傑、領隊張明旭、翻譯施捷宜、攝影伍姿靜，一行人終於搭上飛機，從高雄小港國際機場飛往法國參賽。●

⑥ ─拿下世界冠軍─

一路走來的挫折與艱辛，現在都化成甜美的果實。似乎每一個階段的辛苦，都有它的道理；有挫折，也才會更謹慎更努力地去完成自己設定的目標。

法國里昂是我們的首站。行前，主辦單位幫我們借到當地的烘焙學校，作為我們賽前最後練習的場地。除了再次移地訓練之外，也藉此熟悉當地的水質、氣候。萬萬沒想到這才是災難的開始。這所學校的設備老舊，加上設備過於分散，像烤箱是遠在一百公尺外的另一間教室。

遠在天邊的烤箱旁的計時器響了，聽不到，沒人叫我們，麵包因此烤焦了。攪拌缸動不了，後來才知道得靠手工不斷地推，如此不僅多耗費一個人力，也消耗不少時間，根本無法在期限內完成流程。

屋漏偏逢連夜雨，此時又發現主辦單位寄送來的法國麵粉與比賽簡章上指定的完全不一樣。這款麵粉台灣沒有，我們從未使用過。只能硬著頭皮，移地訓練時邊走邊看。只是要分神重新確認麵粉的狀態，就無法專注做事，同時間得看顧攪拌係數與吸水量，所以每個環節都延遲了。一旦逾時，又著急地想在後頭追趕回來，因此釀成了不可原諒的失誤——忘了加酵母到麵團。

論質就量，這場移地訓練徹底失敗。第一天一行人還有說有笑，到了第二天低氣壓籠罩，沒有半個人笑得出來。這對我來說是巨大的打擊，畢竟就要登場比賽了，卻無法順利完成流程演練。

太太新惠看得出我的焦慮，比賽前一晚，她在飯店對我說：「如果你一直在糾結練習的失誤，最直接影響到的就是跟你一起上場的助手。」「要慶幸這些失誤是發生在比賽前，而不是比賽當下。我們在台灣的準備這麼充足，應該可以克服這些難題。你就是把自己最好的一面表現出來就好了。」

幸好這些失誤是發生在練習的當下，我內心不斷重複著，算是提醒，也算是信心喊話。出發往比賽會場法國南特的早上，我試著穩住陣腳，讓團隊的氣氛不那麼凝重，也再針對因麵粉不同而無法駕馭的法國長棍麵包做了一次調整，讓風味接近我設定的理想值。

接下來，就是和時間賽跑了。

比賽前兩天，我們在飯店養魯邦麵種，有的麵團發酵需要十六度，和當地的氣溫差不多，就直接開窗擺在窗邊；有的麵團需要二十五度來做發酵，就將熱水和麵團放在衣櫥裡，模擬發酵箱的環境。

至於比賽前一天的前置作業，僅僅只有九十分鐘。我們帶了快二十只雪平鍋，又帶了一台卡式爐，等於是兩只雪平鍋同時煮不同餡料。因為沒有時間洗東西，煮完便全部丟到另一個箱子，結束再整個箱子拉出來清洗。

麵團的發酵更是分秒必爭。每個麵團必須讓它在室溫發酵三十分鐘，也就是我六十分鐘之內一定要把所有麵團打完。待發酵三十分鐘後，再移至五度C的冷藏區做隔夜發酵。在時限九十分鐘的前置作業時，許多評審看我們都覺得「這一隊怎麼這麼忙」，大多數參賽隊伍並不會在這麼有限的時間中做這麼多事情，畢竟比賽當天整整有八個半小時可以分配。

這麼做不外乎是替比賽當天爭取時間，把基礎的麵團攪拌、發酵放在前置作業，當天我們才會有餘裕去應付複雜的麵包外型與加工。

這是Mondial du Pain有史以來最多國參賽的一次，總共有十八個國家前來角逐。

十月二十四，清晨六點，比賽正式開始。或許因為法國移地訓練失誤，我更加步步為營，每個步驟都很謹慎地確認無誤後，才放心地往下一步走。

一張流程表就放在桌子上方，我們另外更做了一塊厚紙板，上頭黏滿至少快二十顆計時器。每個計時器上寫著麵包專屬的名字，法國、魯邦、可頌……哪個響了，就知道時間到了。

不只計時器嗶嗶聲此起彼落，觀賽的各國啦啦隊也讓現場氣氛熱絡。有的國家的加油團在現場唱起歌來，有的則是替選手加油打氣。在現場觀賽的台灣人人數沒有那麼多，但聽到熟悉的「台灣加油」，即便人數只有十來位，那股溫暖的支持令我感到心安。我的父親、母親、哥哥與太太新惠，也都在觀賽區。

說實話，比賽當天謹慎地執行，少了以往的緊張，在比賽中段後反而享受在當下的氛圍裡，尤其在競賽時，得到很多法國最佳工藝師（MOF）評審的關注或好奇，或多或少有點小小的成就感。比如當我做前所未見的巧克力可頌時，幾乎所有評審都上前圍觀，甚至還錄影，這意味著他們對此感到高度興趣，也增加了後續試吃時的記憶點與好感度。

比賽來到尾聲，八個半小時截止前，我和助手周小槿順利完成所有項目。當下我非常激動，眼淚幾乎要奪眶而出。倒不是認為自己做得多棒，而是歷時一年多的旅程，終於抵達終點。再加上歷經前一次練習重大失誤的打擊，在正式比賽場合，能夠無逾時順利完成，多麼難能可貴。

頒獎時刻，參賽選手、領隊、教練，再加上親友團，一百多人將現場擠得水洩不通。我和周小槿、教練王鵬傑、領隊張明旭四人站在一起，翻譯和新惠則在觀眾席。沒想到才開始唱名，就叫到台灣。由於身邊並沒有懂法文的人，我們當下愣了許久，「現在是什麼情形？頒獎不都從第六名開始頒起？」帶著錯愕前往頒獎台，直到站上台，才知道原來這個獎項是「有機天然酵母麵包特別獎」。能以一個東方人之姿，在眾多歐美參賽隊伍之下獲得肯定，多麼難得與榮耀。

後來，我們又拿到最佳助手獎。Mondial du Pain 特別著重選手跟助手之間的互動與傳承，周小槿能代表台灣拿下這個獎項，也很振奮人心。

特別獎頒完後，開始宣布 Mondial du Pain 這一屆的前六名。每頒一個名次，我內心就啟動計算模式，誰還在榜上？機率還剩多少？宣布完第四名後，只剩三個名額了，然而有望拿獎的國家還有四個。義大利是歐洲強國、日本向來成績頗佳、美國前面拿了甜麵包特別獎，應該也在前茅之列，而我們似乎也有點機會。

第三名是美國。我們似乎有機會奪冠，但義大利從未在第六名之外，依然不免擔心。接著日本奪下亞軍。直到宣布冠軍的那一刻，台灣的名稱從官方人員口中而出，眾人的歡呼聲四起，我站出領下獎盃。現場播起了國旗歌：「山川壯麗，物產豐榮，炎黃世胄，東亞稱雄……」我將獎盃交給周小槿，拿起國旗大力揮舞。此刻，身體疲累到達臨界點，興奮情緒跟著高漲，溢於言表。

就在播完國旗歌之後，大會評審長走過來跟我說：「恭喜！不是每一年生日都可以拿冠軍。」現場隨之播起了生日快樂歌。這才意識到，十月二十四日這一天，正是我的生日。

長達一年多的 Mondial du Pain 競賽，從台灣代表的選拔賽，再到代表台灣站上國際舞台，是條漫漫長路。在過程中為食材四處奔走，在見識和食材應用上獲得滿滿收穫，最重要的是對於我自己烘焙生涯二十年的成績單及里程碑。至少，一路走來的挫折與艱辛現在都化成甜美的果實。似乎每一個階段的辛苦，都有它的道理；有挫折，也才會更謹慎更努力地去完成自己設定的目標。另一方面，這也算是對我

的父母親有所證明：那個不愛念書、從高中就輟學的小孩，能靠著一技之長贏得國際肯定。●

6e MONDIAL
DU PAIN
AGRANO
BORSA
MINOTERIE BOURSEAU
UNOX
Campagne de France

MONDIAL DU PAIN
RIX SPÉCIAL BIO

↓幸好這些失誤是發生在
練習的當下，
我內心不斷重複著，
算是提醒，
也算是信心喊話。●

111

⑦ —總統登門來訪—

「你兒子很棒，你們教得很好。」席間，總統蔡英文與他們的對話，我想更是對他們最直接的肯定。「當初，怎麼會想讓他走這條路？」「小孩想做什麼，我們就支持。不喜歡念書，就學一技之長。」

「您好，這裡是總統府……」這通電話，是二〇一七年 Mondial du Pain 世界麵包大賽結束後，回歸巴黎波波店務日常跳出的一個驚嘆號。真的是來自總統府？還是詐騙集團捎來的？

一連串的查證，證實這確實是來自總統府的邀請。

在台灣，國際性的麵包烘焙比賽有二，路易樂斯福盃世界麵包大賽和 Mondial du Pain 世界麵包大賽，分屬台北市糕餅商業同業公會與高雄市麵包大使協會舉辦。由於台北市糕餅商業同業公會是歷史悠久的工商團體，其舉辦的路易樂斯福盃世界麵包大賽被列為一級賽事，所以向來出國的選手，總是會在回國後受到總統召見。Mondial du Pain 世界麵包大賽因屬一般社團主辦，則沒有這樣的慣例。所以當確認這是來自總統府的邀請後，我的心情頗為興奮。

一改過往受召見前往總統府，這次是總統蔡英文親自要來巴黎波波，也會有簡短的會談。聯絡窗口告訴我們，這樣或許更能理解參賽選手的工作及所面臨到的挑戰，更能聽到真正的聲音。

yoshi ryooh YOSHI YOSHI YOSHI YOSHI

「能不能也讓我的父母親一同參與？」私心想讓父母見證這份屬於國家的認可，於是向總統府提出詢問。得到首肯後，立即向爸媽提出邀請。「不用啦，這樣會太麻煩。」總是很怕造成別人負擔的他們，即便對這樣的事情很興奮，感到與有榮焉，一開始並沒有答應。「不麻煩，而且機會難得。」我說服他們，也說出我的內心話：「我很希望你們也能在現場。」「好啦，這輩子也沒有什麼機會可以近距離看總統。」幾經說服，我爸媽終於答應。

總統蔡英文前來巴黎波波，該讓她品嘗什麼？拿到二〇一七年 Mondial du Pain 世界麵包大賽有機天然酵母麵包特別獎的魯邦酸麵包，是我特別想分享的。這是亞洲國家首次拿到這個特別獎，特別是非以麵包為主食的國家參賽者奪下獎項，意義格外特殊。另外，國家特色麵包莓香絮語有著台灣令人驕傲的果乾製作技術，還有在地生產的玫瑰花瓣，也特別有故事可以介紹。有了兩款口感扎實的歐式麵包，我另外又挑了強調奶油香氣與酥脆口感的可頌麵包作搭配。

一直到總統來訪的那天，六、七點安檢人員來到巴黎波波查看現場，距離總統預定抵達的時間還有四個小時，我才感受到所有人的慎重，內心升起些許緊張。事實上，當天凌晨三點我就已經起床工作，並不是睡不著，而是當日要呈現的三款麵包，若按平時工作流程得到近中午才出爐，還得有時間冷卻，肯定來不及。若拿前一日的麵包，風味與口感都會打折扣，並非我所願。於是夜深人靜之時，我揉起麵團做麵包。把總統蔡英文想像成比賽評審，出爐多久後是最佳品嘗時間？該怎麼介紹？在腦海中一一演練。

我先是帶著總統逛一圈巴黎波波的門市，隨即前往二樓的座位區。領隊張明旭、教練王鵬傑、我父母和我，一行人近距離與總統同處一室。有祝賀、有閒聊，也有關於二〇一七年 Mondial du Pain 世界麵包大賽的過程與成果。總統率先拿了可頌品嘗，配起咖啡，「這讓我想起我在英國念書時的早餐，就是可頌與咖啡。」而後我開始介紹二〇一七年 Mondial du Pain 世界麵包大賽運用的台灣食材，馬告、草莓乾、玫瑰花瓣、藜麥……等，總統非常驚訝，我們竟然帶了這麼多台灣食材到國際舞台。

「你想要講什麼，就要把握機會講喔。」

錯過這次，下次我們不知道什麼時候再見。」或許擔心我們過於含蓄，總統請我們有話直說。「比賽過程有沒有遇到什麼困難？未來類似的賽事，有什麼需要國家協助？」我也把握時機，將過程的艱辛重點說明。像是還沒出國比賽就因行李超重而被罰錢、通關不便，甚至是備賽過程資源匱乏等等。

簡短的會談，有來自總統親自的祝賀，也聚焦比賽成果及政府將來可以協助的事務。除此之外，我更開心我的父母在我身旁。法國的比賽，父母的在場，讓我可以將冠軍獎盃獻給他們。總統的蒞臨，他們的在場，也見證了奪得冠軍後，受到國家級的肯定與認可。

「你兒子很棒，你們教得很好。」席

間，總統蔡英文與他們的對話，對他們更是最直接的肯定。「當初怎麼會想讓他走這條路？」「小孩想做什麼，我們就支持。不喜歡念書，就學一技之長。」我父親說得雲淡風輕。只有他們和我心知肚明，當初我這個徹夜不歸、四處飆車的青少年，令他們多麼煩惱頭痛。要不是把我送到高雄朋友的烘焙工廠工作，我也不會有今日的成績。

看著總統府寄來的照片，畫面裡笑得開懷的父親與母親，我相信他們很欣慰也很開心，曾經叛逆的迷途青少年，終究證明做麵包也能有一片天。●

117

⑧ —把獎盃印刻在身上—

我心裡很清楚，拿到世界冠軍與市場、消費者的認同並不是等號。就算曾經得過冠軍，麵包做得不好，消費者一樣不會買單。

我的右手前臂，有個不小的刺青。若穿長袖衣物時，並不會被看到。在工作場合，因為多半穿著短袖的緣故，這個刺青分外明顯。

可以說，這是給我自己看的。

二〇一七年參加完 Mondial du Pain 世界麵包大賽，贏得冠軍之後，便萌生了刺青的念頭。世界冠軍對我這樣從學徒做起的麵包師傅意義本來就很重大，更幸運的是，得獎那天剛好是我的生日，那年也是我進入烘焙業的第二十個年頭。好幾層意義疊加在一起，讓我很想要好好地紀念這件事情。

麵包是手作的東西，所以我也想把圖騰刺在我的手上，甚至是做麵包的右手。這是一個印記，時時提醒著我，莫忘做麵包的初衷。得到世界冠軍，所獲得的關注自然比以前多，這個頭銜有沒有可能讓人產生微妙的變化？甚至可能迷失自己。

所以，這個刺青承載了諸多訊息。為什麼我要去比賽？比賽的過程中有多少人曾經幫助過我？我並不是第一次參賽就得到冠軍，過程可謂跌跌撞撞。技術、產品設定，甚至是心理精神，都是集眾人之力才能讓我奪冠。

另一方面，得獎之後可以做些什麼？我一直到現在還在思考。不敢妄自菲薄，對烘焙產業有所貢獻，似乎不是我的能力範圍所及，但對於想要從事烘焙這一行的年輕人，我能否給予他們一些觀念上的啟發，或是學習的動力？

刺青這件事，是比較新潮的文化。我問過太太新惠的看法，她並沒有反對。但我知道我爸媽可能比較無法接受，便打算先刺了再說。

比完賽回到台灣第三個月後，終於有時間可以將這件事付諸行動。圖案的想法其實很簡單：把世界麵包大賽冠軍的獎盃與麵包結合在一起。麵包我只選了兩個——法國長棍麵包跟可頌，都算是經典，也對我自己來說意義最深重。

這兩個麵包品項真的是我學得最久、最辛苦，卻也是讓我最快樂的。當時，賺到的薪資不是最高，但每天都想趕快到公司、趕快開始練習。雖然也會遭遇挫折，可是每突破一個關卡，就是一個振奮的時機。

或許有了刺青的無聲提醒，拿到世界麵包大賽冠軍對我來說，並非什麼多麼了不起的事。做麵包，依舊回歸扎實的基本功，並沒有什麼太大的改變。我還是想要把麵包做好，還是希望自己做的麵包可以得到市場的認同。我心裡很清楚，拿到世界冠軍與獲得市場、消費者的認同並不是等號。就算曾經得過冠軍，麵包做得不好，消費者一樣不會買單。

冠軍不是一個保證，唯有對製作麵包的細節掌控與不斷進化的技術，才有辦法持續做出好吃的麵包。●

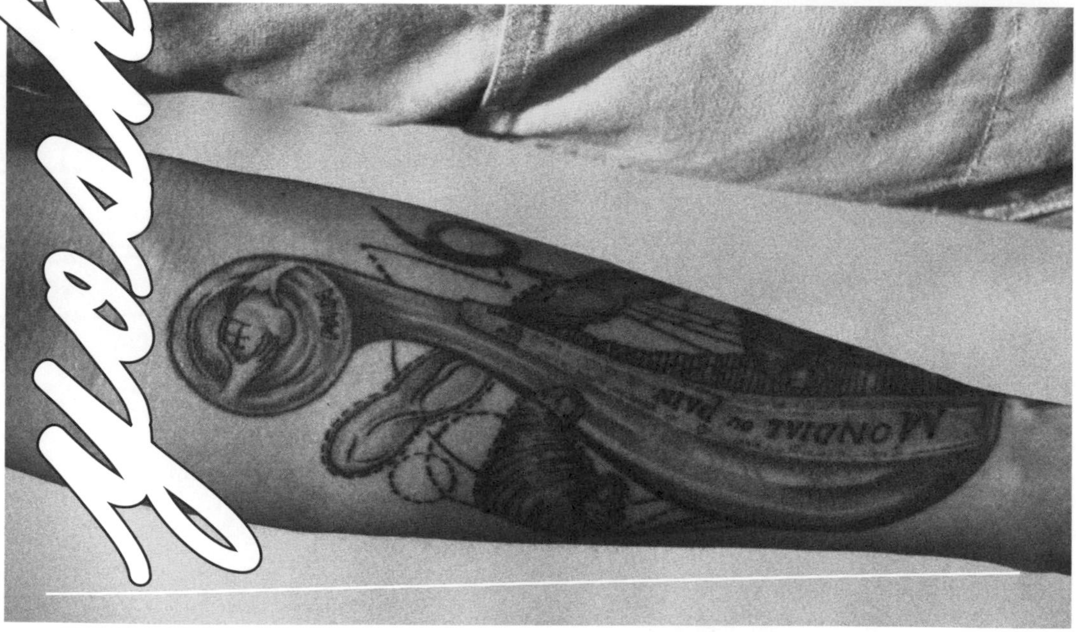

↓做麵包，依舊回歸扎實的基本功，並沒有什麼太大的改變。我還是想要把麵包做好，還是希望自己做的麵包可以得到市場的認同。●

YOSHI YOSHI YOSHI YOSHI YOSHI

99%的哲學

YOSHI YOSHI YOSHI YOSHI

Chapter 3

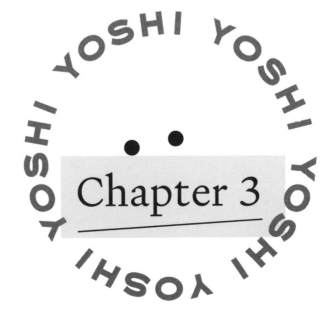

①—跟著麵包去旅行—

將來若還有機會重新開店、設定麵包品項，是不是也可以藉由不同地域的麵包，讓顧客感受截然不同的麵包飲食文化？

參加 Mondial du Pain 比賽，對我來說，獲得的遠比想像中來得多。不僅提升了我對台灣食材的認識、麵包創作的技藝，同時也對麵包文化打開新的視野。

記得當時看著十七個國家的選手在比賽現場製作各具風格、手法的麵包，法國的魯邦麵包、義大利的巧巴達、德國的酸麵包……飲食文化的豐富多元乍然呈現，同樣的麵粉、酵母、水，卻能創造出如此迥異且傳承已久的麵包文化。當時心裡種下了一個想法：將來若還有機會重新開店、設定麵包品項，是不是也可以藉由不同地域的麵包，讓顧客感受截然不同的麵包飲食文化？

這顆種子，在二〇一八年底開始萌芽、茁壯。那時，我開在高雄的巴黎波波租約到期，這間我生平第一次創業的麵包店也確定走入歷史。一個階段的結束，意味著另一階段的啟程。即便對於下一間麵包店坐落在哪仍是未知，「跟著麵包去旅行」作為新麵包店的主軸精神已是明確。

要留在我學習麵包的起始地、打拚七年多的高雄，抑或在其他城市另起爐灶？我和太太新惠做了一番掙扎與討論。我們都非高雄人，在地也無家庭親人當後盾，於是我們決定捨棄高雄，選擇在太太土生土長的台北重新出發。

消息在業界傳開，不少人不但看好也相當鼓勵，「世界麵包大賽冠軍要來台北開店，肯定會造成轟動」。我自己內心倒滿清楚的，這多是鼓勵的溢美之詞。即便我拿過世界麵包大賽冠軍，不認識我的人肯定還很多；消費者也不一定會因為我的冠軍頭銜而來買麵包。冠軍光環並不是開店能否成功的保證。況且台北的店租、人事成本勢必更高，投入的資金將會遠遠超過巴黎波波。想到這，也就令我更加戰戰兢兢。

還住在高雄的我們，在巴黎波波結束營業後，北上台北尋找店面。除了對一定坪數的需求外，避開大馬路位於巷內也是心裡設定的一大條件，總希望麵包店不受車水馬龍的喧囂感影響，客人可以更自在安靜地挑款麵包帶回家。

終於，經過兩、三個月四處看屋，新址確定落腳在敦化北路與民生東路附近的小巷。雖然門前是條狹小的單行道，進入大門後，有個偌大的庭院，低矮磚牆加上植物與外界隔絕。這也是我最終選定該址的關鍵原因之一，若能將庭園布置得更有生活感，來買麵包的人也許就在庭園或站或坐，直接品嘗麵包，這是何等日常卻美好的畫面。

新的城市、新的店面、新的麵包創作……全然嶄新的開始，我也思考以全新的品牌與消費者面對面。循著跟著麵包去旅行的概念，加上鹿港家鄉過去是個港口，浮現出「麵包埠」這個詞彙。麵包埠代表把我自己的麵包店當成港口，讓台灣與世界的食材、麵包在此交會匯集，簡潔易懂的訴求，很符合我向來對於店名的想像。再冠上我的名字，也就成了「陳耀訓・麵包埠」。同時，英文命名為 Yoshi Bakery，Yoshi 除了是我名字的英譯，在日文（よし）當中也有好、更好之意；這也提醒著我和團隊，要不斷地追求更好、更進步的核心。

結束巴黎波波之後，我和新惠有更多空檔可以思考，究竟在陳耀訓・麵包埠該端出什麼麵包款式？

這其實是最有壓力的事。不管在學習麵包的過程或日常生活，我都沒有長期居住在台北，也就對台北人在麵包的喜好不甚了解。又或者說，我做的麵包台北人是否接受與喜愛？一時半刻，也無法在這不確定的問題中打轉，只能回到基本，一步一腳印地將陳耀訓・麵包埠的麵包做通盤設計。

將麵包品項縮減，是我的第一步。過往，在開一家新麵包店時往往會希望客人選擇多，品項可以多達七、八十種。這次的台北新店舖我則想要把品項縮減到五十款，每款的精緻度都再往上提升，並且和消費者之間更有共鳴。也就是說，降低數量提升質量。另一方面透過精簡，讓商品更有焦點。過往數量多，差異多半是口味變化，例如紅豆麵包之外還有紅豆麻糬麵包，無論外型或口味，基本上是很雷同的。這一次，我想讓消費者的記憶度更有感。●

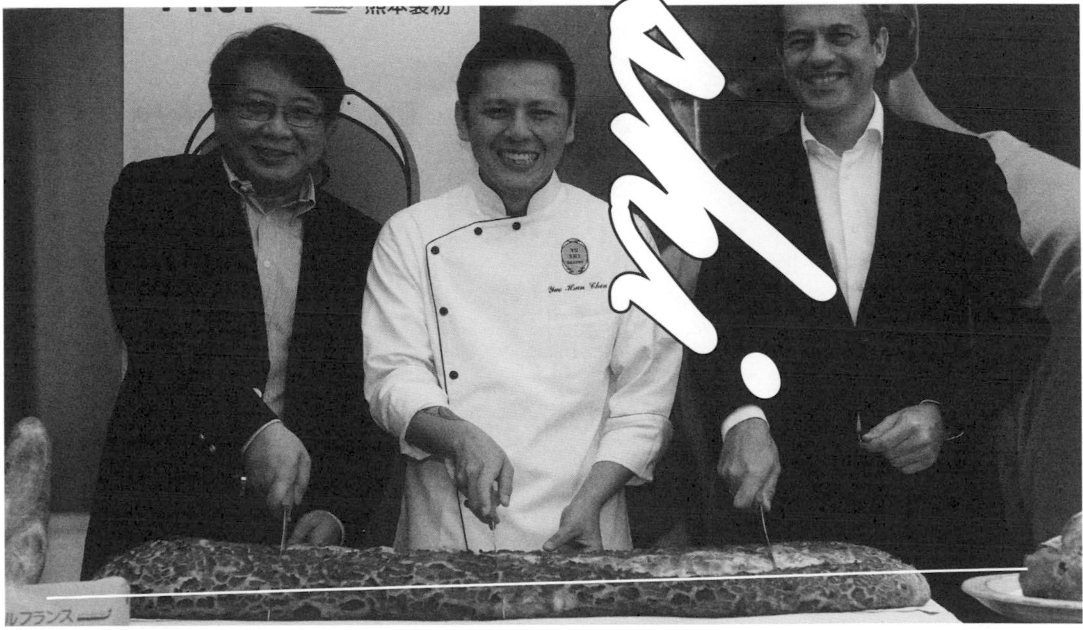

② — 陳耀訓・麵包埠 —

「這邊有間麵包店販售的麵包很好吃。」我反而希望消費者從這個角度認識陳耀訓・麵包埠，而不是「有一個世界麵包冠軍開的店，來去看看」。

該做什麼麵包品項？既然主軸是跟著麵包去旅行，自然會有不同地域截然不同的麵包，台灣人很能接受的日式甜麵包、我苦學而來的法國長棍麵包與歐式麵包……除此之外，還能有什麼新意？總是得替陳耀訓・麵包埠抓出開幕的賣點，或是讓大家覺得有趣，想到店裡瞧瞧。

「現在，你最想吃的一款麵包是什麼？」太太新惠不假思索地回答：「炸彈麵包。」這是我和她小時候的共同回憶。我兒時的鹿港，會有專門販售麵包的麵包車前來銷售。有著菠蘿外皮、外型像顆小炸彈的炸彈麵包，不管是包著葡萄奶酥還是肉鬆，特別能引起注意與喜愛。只是隨著飲食習慣的改變，要在台灣買到炸彈麵包可說是難上加難。

「既然想吃卻買不到，我們可以自己做啊！」新惠這麼提議。當下的我有點猶豫，因為我從未想過做這麼台式的麵包。而且消費者對於台式麵包的印象這麼深刻，要有所突破會不會吃力不討好？我沒說出口的是，做台式麵包等於是回到我二十年前學徒時期所做的麵包，一般多認為技術門檻不高，我做出來會不會有損我的面子？

「把東西做好，比是不是台式麵包更

重要。」「為什麼要有這樣的顧慮與框架？」新惠的話將我點醒。即便已經經由市場體認到歐式麵包並沒有比較高級，為什麼我還會有這樣的想法？是不是潛意識裡，我仍然認為台式麵包上不了檯面？很快地我被新惠說服，決定踏出腳步、從新的角度重現記憶中的台式麵包，勾起大家對於台式麵包的種種回憶。

首要挑戰的項目，當然鎖定炸彈麵包。這是造型相當特殊的麵包，我曾經向義大利的朋友介紹過它，大家都對這樣的造型嘖嘖稱奇，似乎全世界只有台灣做出這樣的麵包。雖然要復刻，實際更像是在舊的基礎上賦予更好的呈現。回到風味的源頭，麵粉、奶油、雞蛋等食材必然得更換為天然的，一改大家認為台式麵包食材低劣的印象。

以前的炸彈麵包總是很大一個「俗擱大碗」，可是太大導致吃到很膩口，這並不是現代人的飲食習慣。我反而覺得要改為比較精緻的吃法，小一點，讓風味更平衡。於是我們四處搜尋，終於買到烤焙炸彈麵包的小型模具，如獲至寶。

內餡的呈現，也想大刀闊斧地改變。過去製作炸彈麵包時通常將一坨餡料直接一次性地包進麵團當中，如此一來，食用時總有可能吃到沒有餡料的麵包體，特別是兩邊尖頭之處。如何讓消費者從第一口到最後一口的感受是平均而一致的？這是我想從製作端改變的。

以層層堆疊取代填塞，是最終的做法。有點類似可頌在製作時一層奶油、一層麵皮的概念，我將麵團與奶酥餡一層層擀捲起來。不若可頌的層次那麼多，可是這樣的呈現能確保風味一致。這個工序比原先包餡的方式多好幾道步驟，至少得多花一倍時間。開店之後，也曾有媒體和朋友問我：「你覺得這樣做，消費者會知道嗎？」

「消費者如果每一口都能吃到餡料，進而喜歡我對炸彈麵包的新詮釋，就算他不知道幕後繁複的做法也沒關係。」只要消費者喜歡，一切就都值得。

炸彈麵包之後，我和新惠一一點名台式麵包的品項，花生夾心、雷阿胖（台語）、肉鬆麵包、蔥麵包……一時之間忙碌了起來，不斷構思產品，走進廚房實驗。

花生夾心麵包也是台式麵包裡很具代表性的款式，我把焦點放在花生粉及風味的改造。傳統口味的花生粉研磨的顆粒細，多半會混入糖粉，香氣也就不足。這是因為過往的麵包師傅只跟廠商叫貨或從方便的管道著手，久而久之也不會想要追求更好的原物料。既然品名上就有花生，但我想要找到很純、很香的花生。我深信以台灣的農作物如此出色，一定找得到，只是得花時間親赴產地尋找。

透過好朋友食材達人徐仲的推薦，聯繫到一家嘉義的花生工廠，規模夠大，在食品安全的檢查也格外嚴謹，特別是花生若保存不佳會有黃麴毒素的顧慮。我和新惠親自到嘉義拜訪，一次就試吃相當多品種的花生。就風味而言，我在九號花生與黑金剛花生之間權衡。兩者各擅勝場，九號花生小巧飽滿，香氣濃郁；黑金剛花生個頭較大，除了香氣之外，還有黑紫色表皮帶來的營養價值。只是，黑金剛花生帶表皮一起打碎，黑色看起來並不太討喜。

針對花生要研磨的粗細，我們也做了一番討論和測試。粗一點的味道濃烈，口感卻不太對勁；太細的味道又太過幽微，只能從中取得平衡。我心中理想的花生夾心，是在尚未食用前，就有花生飄香。一入口，得是濃郁的花生味。

二十多年來歷經台式、歐式麵包不同的扎實訓練，如今再回頭設計台式麵包，也就有更多的思路與做法。花生夾心在麵包體上抹奶油霜、再沾附花生粉的做法，總讓我覺得麵包、奶油霜與花生粉三者無法融洽平衡地融合在一起。後來我把花生粉加到奶油霜，成為花生風味奶油霜，塗抹在麵包表面與夾心，最外層再沾附一層花生粉，風味平衡感便浮現了。

花生夾心麵包的外型也過不了我這一關，一開始以像一座山的傳統造型做測試，怎麼吃都不對，因為花生粉在外圈，中間的麵包卻幾乎沒有沾附，加上過高的麵包體也不方便就口。嘗試了包括棒狀、圓形、三角形等各種形狀都不盡如人意，最後才以長條形作為定案。

總是習慣以雷阿胖稱之的螺旋麵包，在外型上倒不用也不能更動，然而占了很大比例的內餡是必須徹底調整的。以我在學徒時的經驗，使用的是人造奶油，風味不佳，往往得靠加入大量的糖來掩蓋人造奶油的味道。它比較像是甜的餡料，要稱為奶油霜的話是不合格的，因為餡料裡面找不到真正的奶油與奶油風味。

品質優良的奶油是雷阿胖的靈魂。也就在這個時候，我接觸到來自丹麥、獲世界起司大賽冠軍的 LURPAK 奶油。這款天然奶油的風味和強調一入口就有濃郁風味的奶油不太一樣，是香氣雋永、尾韻優雅綿長的類型，嘗起來油膩感略低，整體也較為清爽。這樣的型態很符合我想訴求的兼具風味與不膩口。於是，我使用 LURPAK 調製一款減糖版的奶油霜，真正以天然奶油作為主角。

最後則是雷阿胖的開口處沾附的食材，過往的巧克力、葡萄乾都不甚理想，我想以酸味食材來增添味道的平衡與層次。蔓越莓乾雀屏中選，也替雷阿胖在色彩上做了視覺定位。

除了新版的台式麵包，我把比賽這幾年赴國外吃到的好吃麵包一一納入。最有趣的莫過於義式甜可頌。這是法國可頌的變奏版，在義大利大街小巷隨處可見灌入各式各樣奶油霜的甜可頌。

隨著麵包品項的設定，新店舖施工也逐漸來到尾聲。二〇一九年四月底，陳耀訓・麵包埠默默開始試營運。打理好的庭院植物滿盈，鹿角蕨垂掛，擺在四周的盆栽高高低低，綠意盎然。踏入陳耀訓・麵包埠的店內，不大的麵包陳列區擺放著各種剛出爐的麵包。站在這，很容易就能看到在廚房工作的團隊。特別是一台偌大的烤箱就在結帳櫃檯之後，我希望藉此讓顧客感受到麵包出爐那一刻的溫暖與喜悅。

「連全家便利商店賣你的無添加麵包都懂得放一個人形立牌，為什麼你自己的麵包店連『世界冠軍』四個字也看不到咧？」試營運期間，中廣流行網《王瑞瑤的超級美食家》主持人王瑞瑤得空前來一探究竟，嫌我太過低調。

我確實沒有在招牌、店面的外觀上大張旗鼓，陳耀訓・麵包埠既然是家社區型的麵包店，更在意的是麵包與附近居民的關聯。獲得 Mondial du Pain 世界麵包大賽冠軍是個既定事實，不過這並不是一家麵包店是否好吃的必然條件，也不代表世界麵包冠軍做的麵包就一定超群厲害。

「這邊有間麵包店賣的麵包很好吃。」我反而希望消費者從這個角度認識陳耀訓・麵包埠，而不是「有一個世界麵包冠軍開的店，來去看看」。這兩者，對我來說還是有點差異的。

實話實說，即便正式開幕前所有的品項都到位、達到我理想的標準，對於台北這個嶄新市場的接受度如何，我仍然沒有太大的把握。也或許是巴黎波波開店無人上門留下的陰影，我一度擔心陳耀訓・麵包埠會門可羅雀，乏人問津。

五月六日，正式開幕的第一天，我邀請媒體與好友前來品嘗全新設定的麵包，跟大家分享跟著麵包去旅行的主軸。從魯邦麵包、裸麥無花果，再到花生夾心麵包、義式甜可頌、麵茶維也納，一口氣我領著大家在庭院裡品嘗法國、德國、台灣、義大利及日式麵包。好在前來的人多給予正面的回饋，等於幫我打了一劑強心針。

陳耀訓・麵包埠開幕之後，附近的上班族、居民紛紛上門。只是這應該算是新開店的蜜月期，還得拉長時間觀察。一直越過了酷熱的夏天、來到中秋，店裡仍有穩定的客群，我這才稍稍放下心裡的一顆大石頭。

很感動的，不少顧客、朋友都肯定我們的台式麵包。「找好久找不到的炸彈麵包」、「好懷念的雷阿胖」、「花生夾心的香氣濃郁」……這在在證明，從記憶中的台式麵包到我的新台式麵包，消費者是有感的。這當中有比我年紀大的顧客，也有或許根本聽都沒聽過台式麵包的年輕族群。更觸動我的則是年輕媽媽買了台式麵包給小朋友吃。這代表媽媽放心我們的食物，同時也意味著這群年紀尚輕的小朋友，會在記憶中留下台式麵包的影子，隨著他們一路成長。●

yoshi!

↓消費者如果每一口都能吃到餡料，進而喜歡我對炸彈麵包的新詮釋，就算他不知道幕後繁複的做法也沒關係。●

137

③ —全家超商無添加麵包—

只要有進步，哪怕是三分、五分我覺得都好。如果每一次都能夠進步，其實練習得越多，終究還是可以達到目標。

二〇一八年十月二十四日，是值得紀念的一天。這一天，我趁受訪前的空檔，走進全家便利超商。麵包架上幾款麵包的包裝都印有我的半身肖像，一字排開還滿壯觀的。我戴著口罩，拿起麵包到收銀台結帳。

這是我和全家超商合作推出的無添加麵包，算是超商的一大突破，台灣便利超商首次推出無添加麵包。第一波上市了三款：雙色地瓜、洛神菠蘿、皇后吐司。上市第一天，當然要親自買來試試品質如何，順便做市場調查，看看消費者的反應。

超商的無添加麵包一直是我內心深處的一顆種子。

以前出差、外出，可能六、七點就要搭車，早餐多半就在超商解決。因為習慣吃麵包，總是在麵包區徘徊，卻也有選擇障礙。倒不是因為選項太多，而是看到背後那些成分時擔心「該吃這些東西嗎？」此外，超商的便利性，也讓很多家長買裡頭的麵包給小孩當早餐。然而當他們把麵包吃下肚時，卻也一併吃下了人工化學添加物。

因為 Mondial du Pain 世界麵包大賽得獎的契機，全家便利超商的電商部門先找我合作。在母親節前夕推出得獎麵包「莓香絮語」和「布里歐皇后吐司」、「紅藜黑醋栗吐司」兩款暢銷麵包，獲得了不錯的迴響。隨後，全家便利超商投資經營的麵包生產廠「福比股份有限公司」（以下簡稱福比公司）也提出聯名的邀請，想藉由我研發設計、監製，在他們麵包廠生產製作一系列麵包。但如果我只單純設計麵包，卻因為生產線、超商物流配送、上架等緣由得添加人工成分，當然不是我樂見的，所以我試著拋出：有沒有可能它的成分跟麵包店一樣單純？不要額外使用添加劑？

全家便利超商給予正面的回應，原來他們本來就有此構想，只是苦無方法。坦白說我沒有太大的信心，在這之前，我完全沒接觸過全自動生產線的麵包工廠。可是心裡還是有個聲音冒出來：如果不嘗試，就不知道會不會成功。即便失敗，至少知道還有什麼地方需要克服。

為此，我和福比公司連合約都沒簽，就開始進行「實驗」。還記得當時我跟福比公司總經理林純如說，「我們先試試。如果真的可行，成功了，我們再來談合約或是要怎麼配合。」

一開始，我先去參觀福比公司工廠的生產線，工廠生產麵包大多以機器取代人力，生產機器也和獨立麵包店有所不同。像是一般獨立麵包店的烤箱是密閉式，福比公司的烤箱像是一個開放式的隧道，用輸送帶將麵團送進去，再出來時已經是烤好的麵包。接著自動脫模、自動冷卻。我第一次看到這樣的生產方式，與過往的經驗大不同。

看完生產製程，成功的勝算大概只剩五成。原因在於機器的力道和時間都是制式的。平常我們在麵包店做麵包，可以隨著麵團、麵包的狀況去控制力道或微調，但機器沒辦法做到。譬如今天設定給這個麵團八成的力量，它就是一直都是八成的力量，哪怕這個麵團的狀態不同，施力依然無法改變。這樣可能就會造成麵團過度損耗，或做不出理想的質感。

回來之後，我花了將近一個月的時間思考，要設計什麼麵包？又要如何在沒有改良劑的狀況下，讓我設計的麵團在自動生產線的過程，傷害降到最低，甚至可以做出和店內一樣品質的麵包？皇后吐司、雙色地瓜麵包、香蕉奶酥麵包、洛神菠蘿及黑糖胚芽吐司，是我最初提出的無添加麵包品項。很快的，我們便決定以難度最高的皇后吐司作為試產。

皇后吐司的成分當中，糖、乳製品、奶油的含量都較高，以至於筋性較弱，如果它可以通過機器力道的考驗，其他款麵包自然也都可以過關。

試產花了整整七、八個小時。其中光是發酵就要兩個多小時，然後再攪拌，再一次發酵、烤焙。我緊盯著每一個環節，觀察哪裡是機器無法做到的。一開始麵團分割成型時，我看到機器已經把麵團撕裂了，就知道最終的成品不會理想。但我們仍然把整個流程走完，觀察後面流程可能會遇到的問題。

接下來的問題是烤焙，全自動的烤爐不會像一般麵包店的烤爐可以隨時控制溫度，隨時調整上色。它是一個隧道，從進去到出來，麵包就烤好了，因此有很多是黑掉的、外型沒有膨脹起來，或是發酵不夠。

雖然，這對我來說只是一個五、六十分不及格的麵包，但至少它可以烤焙完成。當下大家有多想完成這件事的決心和意志，是這件事促成的關鍵。

那次結束之後，我開始針對麵團配方做調整。加了一些讓麵筋柔軟、更具延展性的乳脂肪、鮮奶油或煉乳，同時兼顧保濕。選用乳脂肪或蛋黃，更是為了讓麵包可以禁得起四天的常溫保存。

第二次的試產有稍微好一點。出爐的是很正常的吐司麵包，沒有烤焦黑掉，也解決了發酵不完全的狀況。只剩下麵團受損的問題，於是我嘗試著調整某一項原物料，譬如乳脂肪。

會感到挫折嗎？對我來說，至少每一次它都有進步，這讓我們覺得這件事情可能真的會有成功的一天。這是比賽帶給我的心智韌性，只要有進步，哪怕是三分、五分我覺得都好。如果每一次都能夠進步，其實練習得越多，終究還是可以達到目標。

到了第三次試產，已經可以順利生產成為正常的麵包。要再克服的新問題是老化。麵包出產後的第三天，變得有一點乾。出產第二天，往往是麵包最好吃的狀態，但這時麵包還在物流。出產後的第三天，通常是到店上架的第一天，如果狀態不好，那就很難成為一個商品。那麼接下來就針對麵團保濕、延緩老化、控制麵團生菌數的部分來調整。

這時候，大家都有點興奮，開始了年底上市的相關規劃。同一時間，其他款麵包也紛紛走上產線試產並修正配方。雖然我心裡稍稍有開心一點，不過是否真的要讓無添加麵包上市，內心還是有所掙扎。

以麵包師傅的標準來看，它當然不是一百分的商品，因為生產線的製作，很難跟手工有一樣的水準。然而一旦用了陳耀訓的名字，大家可能會期待它跟麵包店做出來的標準一樣。但在麵包店我們只販售當天剛出爐的麵包，沒有賣完就當損耗收掉。消費者買到的麵包，一定都是最新鮮、最好吃的。然而如果無添加麵包無法上市，消費者根本沒有機會做選擇。這是我心裡的兩難。

我太太新惠最初抱持反對意見。她覺得產線生產的麵包第三天、第四天吃，就不是一個好吃的麵包，「你做了一個自己覺得不是一百分的麵包，對你來說是加分嗎？」我們倆當時有很多溝通。

其實不能把它的標準和手工麵包店一起評比，便利超商只是提供給平常不會去麵包店購買的消費者，像我原本就吃麵包店的麵包，當然不會去便利超商買。可是當我要出差，我可能會在便利商店買麵包。如果有無添加麵包，至少有更多的選擇。

我沒有擔心它賣不好，因為本來就沒有期待它會賣得很好。倒不是因為它不好吃，跟其他超商通路比較起來，它是好吃的。反而售價絕對是個考驗。當初福比公司最大的顧慮也是售價。我給他們的建議是，好與壞就讓消費者去評論，但我們一定要用天然食材去做麵包，而使用天然奶油的成本勢必得反應在售價。價差就是回歸到消費者的選擇權，願意花二十五元去買一個人造奶油做的吐司麵包？還是三十二元去買一個得到世界冠軍天然奶油的皇后吐司？

拿到完整測試品的那一刻，從包裝到裡頭的無添加麵包，我盯著看了許久，內心有無限感觸。畢竟不管我們付出再多的努力，單靠我們自己去推廣無添加麵包，成效相當有限。但透過超商通路，能接觸到的消費者更多更廣。一直以來堅持的無添加的理念，總算能付諸實現，讓消費者重新認識烘焙業和麵包。

「超商第一款！全家研發 100% 無添加吐司搶攻 800 億白金商機」「全家聯手世界麵包冠軍推無添加麵包」「全家聯手型男世界麵包冠軍超商首款 100% 無添加麵包」記者會後，媒體聚焦在業界的第一創舉，給予了不少肯定。特別是僅含有麵粉、優格、牛奶、天然奶油和蛋的皇后吐司，完全不加一滴水，引起大家注意。

上市之後，各種聲音紛紛湧進。

因為包裝上有我的照片，而臉書有自動辨識人臉的功能，很多人買了全家便利超商的無添加麵包會拍照上傳，臉書會自動通知：這是不是我？雖然不一定是我的臉書朋友，但我多半都會點進去看，想知道別人是怎麼看待這個商品的。

很多媽媽會私訊給我或到粉絲團反應，她們原本不吃超商麵包，因為無添加麵包的關係終於可以在超商買給家人吃。我太太也跑去全家超商購買兼做市調，她結帳的同時會問店員：「你們這個麵包賣得好嗎？」得到一些不錯的評價，購買最多的是媽媽，就是送小朋友去上學時，購買麵包給小朋友當早餐吃。

但負面評價也不少。有一些人會說，跟他們自己在家做的麵包比起來，他們做的比較好。也有人說定價太貴，又不如麵包店的好吃。更有人直接評論：很難吃、跟7-11的差不多。

還有一個二十幾萬人的烘焙臉書社團掀起了筆戰。會在家自製麵包的媽媽拿自己做的吐司來比較，認為他們做的吐司比較綿密，全家超商的無添加皇后吐司比較粗糙。也有人跳出來表示為什麼綿密一定等於好吃？麵包好吃不是光在意組織之類的。

說不在意是騙人的，但我也沒辦法逐一回覆。只能在麵包店的粉絲團把自己的想法交代清楚。我向大家強調，我想要的是便利和理念。無法否認它可能沒有麵包店的麵包來得這麼好吃，但也不代表這是一個不好吃的麵包。只是在製造環境不同的狀況之下，所產生出來不一樣標準的商品。

目前台灣的確還有人使用添加物做麵包，但不代表整個烘焙業都是如此。就像之前新聞報導，麵包會柔軟一定是添加乳化劑，沒有乳化劑的麵包怎麼可能第二天還能這麼柔軟？但事實上，現在烘焙技術發達，本來就可以運用很多天然食材達到這樣的效果。我希望透過這樣的方式讓消費者知道，做麵包不一定要加很多乳化劑或品質改良劑才能做出好吃的麵包。

最初上架的五款商品有兩款下架，但全家便利超商販售無添加麵包的理念不變。後續他們也重新規劃更換新包裝，因為這些完全無添加麵包獲得了 Clean Label 雙潔淨標章的認證，代表符合八大不添加、原料非基改、農藥殘留合格等。也就是說，消費者可以吃得更安心。

我和福比公司前後花了將近半年的時間，投入了難以計算的人力與成本。本以為簽約前先評估可行性的試產，成本對福比公司來說會相對比較輕，但我事後才聽林純如說：「我們那三個月丟掉的東西，難算錢呦。」或許也因為我們都沒太計較過程的付出，一心只想追求無添加麵包的實現，最終我們可以自豪地站出來說，我們推出了台灣超商首創的無添加麵包。●

全家冠軍麵包
上市記者會

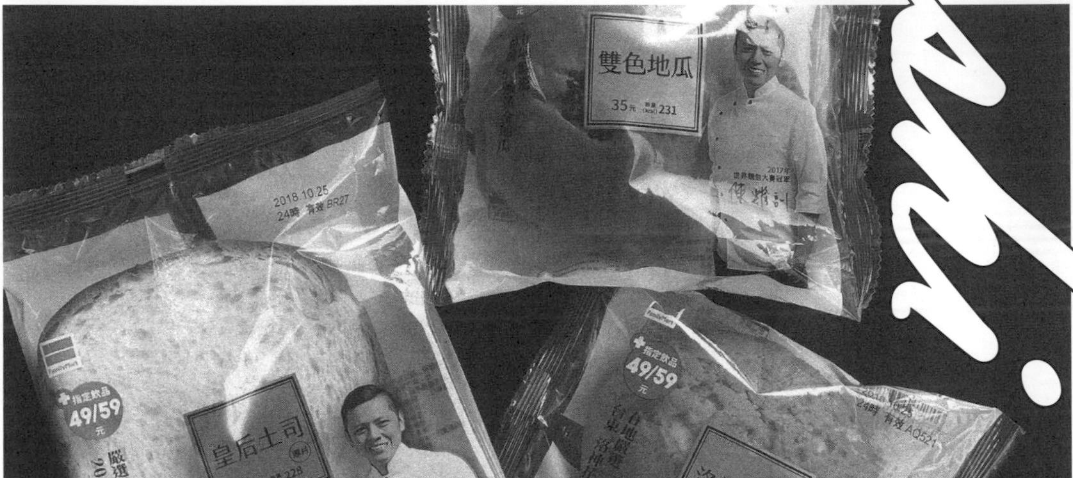
雙色地瓜
35元 231
2018.10.25
24時 有效 BR27
指定飲品
49/59
皇后土司
32元 228
洛神菠蘿
38元 328

↓這是比賽帶給我的心智韌性，
只要有進步，哪怕是三分、
五分我覺得都好。●

147

④ ─記憶的原點──紅土蛋黃酥─

對麵包師傅來講，消費者最熟悉的品項，卻是最難表現詮釋的。消費者對這些食物有既定印象與想法，如何打動他們，讓他們覺得商品有所升級，本身就是巨大的考驗。

二〇二一年七月二十一日，上午十一點半，我正抽空接受天下雜誌資深撰述吳雨潔的電話採訪。談的主題，是將於一小時後在網路開賣的紅土蛋黃酥。這天，我一如往常七點半就到麵包店開始當日麵包的製作，只是心裡仍掛心著中午十二點半開放網購蛋黃酥這件事。「我現在有點胃抽筋。」電話那頭的吳雨潔聽著我的描述，即便現場夾雜著麵包製作此起彼落的聲響，她或多或少都能感受到我的緊張與不安。

這是陳耀訓・麵包埠第三年銷售紅土蛋黃酥，也是第二次改採網路預購的形式。不安的原因很簡單，在二〇二一年春節前，第一次的網路預購，徹底失敗。我們委託網站製作公司製作的預購網站，一上線就因流量太大不敷使用。多數想買蛋黃酥的人都卡在全白的電腦畫面上，動彈不得。當時，團隊與網頁工程師監控著後台，雖有看到刷卡成功的訂單進來，但絕大多數的人都卡在某個環節，無法成功結帳。

「進不去。」「太誇張了，十分鐘都在做這件事情……根本當機了。」「我認真看完內文，手機、信用卡都準備好了，但是你們的訂單系統準備好了嗎？」「一直被退出，你們到底出了什麼問題？」「可以選擇現場排隊嗎（哭）」第一時間，臉書粉絲頁被數百則即時留言與訊息塞爆，還有為數不少的訂單疑問排山倒海地湧入，我們已無力一一回覆。

看著時間一分一秒的流逝，非網站設計專業的我和店內團隊心懸在那邊，只能向負責的工程師求救。那就像是在海上溺水般，渴望任何一片浮木，但往往機會渺茫。工程師建議，先把網站關閉，等他把頻寬加足，隔日再開。於是，當天下午我們向大家宣布，暫時關閉預購網站，隔日十一點半重新啟動購買。同時，也開始清查五花八門的訂單問題究竟是怎麼一回事。漸漸地有了一些眉目，像是刷卡成功，卻在我們的訂購網頁顯示未付款，原來是因為購買時連線到刷卡介面，確實刷卡成功，卻再連線回來之際，因為網站巨大的流量而無法連線成功，程式也就自動判別刷卡失敗。

工程人員徹夜未眠，直到隔日清早仍在做最後的緊急測試。只是十一點半一到，原先預期加了頻寬可以改善的預購網站，重啟依舊龜速，也仍有許多人卡在某個購買的流程當中。當下網路罵聲四起，有人覺得我們是飢餓行銷，故意要讓大家買不到以賺取話題；有人花了時間卻買不到，相當氣憤……各式各樣的聲音都有。千頭萬緒之際，只能不帶情緒、專注處理眼前「現在進行式」的網路預購。最終我們不得不做出最消極的決策：讓龜速的後台訂單繼續進行，把預購的數量賣完。直到當日傍晚，預購訂單才全部售罄。

這是前所未有的經驗，春節結束後的檢討會議，氣氛相當凝重，不過更為重要的是，該怎麼解決？怎麼讓大家順利購買紅土蛋黃酥？針對問題一一討論，工程師也提出幾個修正建議。一切問題的根源都是瞬間流量，上萬人同一時間上線預購，頻寬若是不夠，就如同太窄的大門，會將人流擋在外頭無法正常瀏覽網頁。於是，五、六個月的時間，團隊同時也諮詢諸多流量、硬體專家，綜合了工程師的建議，著手修正預購網站。一方面詢問中華電信主機的負荷與數量；一方面，也將網站瘦身，降載每個人所需下載的流量。我們把網站能拿掉的圖片都拿掉，改成最簡單的文字型頁面。也在購買流程做出管控，只讓一定數量的人進到購買頁面，其他人得在等待頁面等待。

為了排除春節前發生的問題，限定每人最多購買五盒紅土蛋黃酥，並以手機簡訊做認證，增加主機分流控管流量，同時網站也做了許多限制，諸如：同一帳號不能開兩個以上視窗、排隊機制、同一手機只能購買一次等。也因為第一版的網站資料混亂，且為了符合此次的諸多機制，我們放棄了原先的會員資料，請大家重新註冊。事前，我們做了無數的測試。不同的上網軟體、不同的使用介面，還有各式各樣的可能流程模擬。

五台中華電信的主機伺候，就等待十二點半對外開放。時間來到最後一分鐘，我緊盯著網頁視窗，一邊深呼吸，同時看著秒數進到最後倒數，五、四、三、二、一，網站對外開放。我按下重新整理鍵，讓網站可以更新到最新狀態。

後台監測，看到上萬人次瞬間湧入，多數人都在排隊機制外，包括我也是。螢幕顯示著：「您好，請勿重新整理頁面!!」面對著僅有黑色文字的全白畫面，有的人被系統閃退，得重新來過；多數人則動彈不得，無法離開去做別的事，只能盯著螢幕，卻也不知道要等待多久。

災情依舊四起，我卻什麼也做不了。心裡只能告訴自己，就讓這次的蛋黃酥預購趕緊跑完吧。五點四十分，才終於暫時結束這場惡夢。

為什麼花了近半年，還是搞不定一個購物網站？測試時沒問題，怎麼上線就問題百出？程式廠商能力不夠？面對諸多質疑，說真的，我也暫時無解。只是我必須先承擔這個不良網路購物經驗所帶來的任何發言及建議。

隔天，我便在臉書粉絲團寫下自開店以來紅土蛋黃酥銷售的轉變緣由，除了讓更多人理解我們的決策思維，一開頭便是向外界道歉。「今年中秋是麵包埠即將度過的第三個中秋節，這幾天，因為蛋黃酥預購問題，造成大家的困擾，各位留言的批評指教、建議或情緒性字眼，我們都收到了，這些問題我們都概括承受。因為大家的問題，最終都是我們的問題，這一點是毫無疑義的。蛋黃酥預購過程造成大家的困擾，我們在此致歉。」

已經失敗兩次了，顧客不會給我們第三次失敗的機會。我心裡很清楚，這個問題若解決不了，顧客便從此流失，對陳耀訓·麵包埠來說，更是種傷害。不少人建議，乾脆回到最原始的電話訂購，或是現場排隊、Google 表單訂購，但這似乎不符合我們採網站預購紅土蛋黃酥的初衷。

二〇一九年五月，陳耀訓・麵包埠在台北正式開幕，很快地便進入盆地酷熱的夏季。即將到來的中秋節，一直是台灣人送禮團圓的重要節日，正在思考麵包店怎麼參與的我，毫無懸念地想到紅土蛋黃酥。這項商品在高雄巴黎波波的後期便推出過，受到不少顧客的喜愛。反射性地跳出紅土蛋黃酥，不光是巴黎波波時的經驗，更與我生命的歷程相關。

從台式烘焙學徒做起的我，蛋黃酥是我第一個有感的震撼品項。以前傳統糕點在中秋節前夕，數量及需求是非常龐大的。我到高雄擔任學徒的第一年仍在學習如何做麵包，中秋節前大家便開始在做麵包之餘，生產蛋黃酥。越接近中秋節，下班的時間也越來越晚。先是九點、十點、十一點，甚至是半夜才有辦法做完下班。這也讓我發現到，原來傳統糕點在中秋節的市場是如此受到消費者喜愛。如果我沒有踏入台式烘焙產業，我可能不會這樣覺得。畢竟，到處都在銷售蛋黃酥，多少會讓人懷疑：真的每家都賣得這麼好嗎？市場真有這麼大？

我與蛋黃酥的另一個連結，來自故鄉彰化鹿港。我是土生土長的鹿港人，在兒時的回憶裡，鹿港有非常多像是蛋黃酥這類酥皮類的傳統糕點，並不是節慶才會吃，我們都當成零食零嘴，兩三天就吃一次。當然有很多各式各樣的種類，菜頭酥、芋頭酥、蛋黃酥等等。或許是從小培養的味覺記憶，我對傳統酥皮類糕點不但不陌生，還深深喜愛。

只是在高雄創業、開設巴黎波波的初期，我完全沒有想過要製作傳統類的糕點。那時候年紀尚輕，一心想做非市場主流的麵包，或不是那麼傳統的東西。心裡總覺得跳脫傳統的與眾不同可能時尚一些，又或者想在商品上展現自己的技術性，做出創新的品項。

可是經過創業幾年的歷練之後，我才體會到，最貼近消費者的東西、能引起共鳴的，還是大家耳熟能詳、有共同記憶的。偏偏對麵包師傅來講，消費者最熟悉的品項，卻是最難表現詮釋的。消費者對這些食物有既定印象與想法，如何打動他們，讓他們覺得商品有所升級，本身就是巨大的考驗。諸多的經驗告訴我，重新詮釋大家熟悉的東西，往往比創新一個品項來得困難許多。

就在巴黎波波開店的第五、六年，許多熟客向我反應了中秋節的送禮需求，所以我開始構思屬於麵包店的節慶商品。當時，當學徒加班生產蛋黃酥的記憶湧上心頭，也就想試試看，自己在經歷十多年烘焙生涯，台式、歐式麵包的歷練後，會想怎麼呈現傳統的蛋黃酥。能不能成功是未知數，我並沒有太大把握。雖然如此，對於要嘗試新事物的我來說，其實沒有什麼好畏懼失敗的，頂多測試不出來，商品就不要上市。

拆解蛋黃酥的組成與製程，我漸漸地理解到它與麵包的相似與相異處。蛋黃酥的食材元素，就跟法國長棍麵包非常類似，都是簡單的幾個元素，好比法國長棍麵包是麵粉、水、酵母與鹽巴四大食材，除此之外，沒別的了。蛋黃酥不外乎是油脂、麵粉、豆沙，還有鹹蛋黃，也沒辦法再加更多的東西進去了。在這麼簡單的元素當中，怎麼讓大家耳目一新？

事實上，在所有嘗試之前，我先問自己一個問題：什麼樣的蛋黃酥是我想呈現的？

兒時記憶在鹿港吃到的蛋黃酥，外皮是酥的，豆沙與鹹蛋黃的口感是相似的，綿密、具化口性。這或許和鹿港糕餅店非常多有關，我吃到的都是新鮮出爐的蛋黃酥，口感、酥脆度及味道都是最佳的賞味條件。

踏入烘焙業後所接觸到的蛋黃酥，則強調香氣，而不是外皮的酥脆。推敲其因，可能與保存期限有關，畢竟大家都希望伴手禮的保存期限可以長一點，兩個星期是一個期待值。然而這麼長的期間，很難讓蛋黃酥都保持著一致的口感，於是香氣成了一個切入點。這樣的蛋黃酥也是好吃的，只是著重的地方在於香氣與化口性，外皮、豆沙與鹹蛋黃三者口感的一致性，外皮也就不那麼酥脆。●

yoshi.

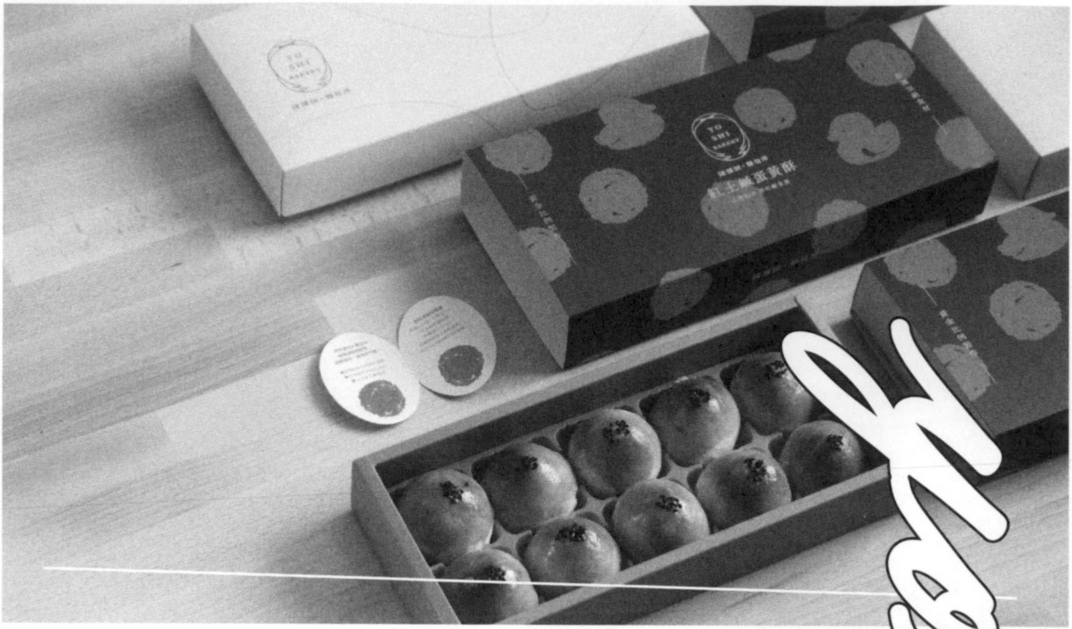

YO SHI BAKERY
究極
蛋黃酥
世界麵包大賽冠軍出品
掀起蛋黃酥風潮
二〇二一年風味再升級
yoshi!
減糖豆沙風味平衡口感綿密
22天紅土鹹鴨蛋鹹香夠味
自製無水奶油創造酥皮口感
使用冠軍奶油LURPAK
奶油鴨
部焦香脆口
LURPAK
使用
暮らしにすてきをとどけたい
Bears 熊本製粉
使用
售價
10入/盒裝/730元
網路預購時間
7月21日 12:30～售完為止
取貨時間
8月9日-9月21日

⑤ —用演唱會售票系統賣蛋黃酥—

我喜歡紅土醃漬的鹹蛋黃醇厚的風味，也在豆沙上略微減糖，最重要的香氣，則是由來自丹麥的冠軍奶油LURPAK擔綱。期待消費者打開紅土蛋黃酥紙盒時，就被一股奶油香氣誘惑著、光聞就陶醉。

很直覺地，我想做出小時候吃到蛋黃酥的感覺，酥脆與化口性兼具的蛋黃酥。

過往的麵包製作與比賽經驗是我在測試蛋黃酥時，相當重要的一股助力。我不斷在既有的經驗值當中尋找相似手法。像是，可頌也是藉由層次的堆疊，營造出酥脆口感。兩者的差別只在可頌是麵團與奶油之間的層層疊加；轉換成蛋黃酥時，可以假想麵團就是油皮（由麵粉、水、糖、鹽與油脂構成），奶油片就是油酥（麵粉加油脂拌成）。有了這樣的連結，讓我更清楚可以如何測試，從中找到兒時記憶、具有酥度的蛋黃酥。

光是一個油皮與油酥的比例差異，就能做出截然不同的蛋黃酥。油酥較少，化口性佳，相對地就少了酥脆度；油酥較多，能呈現酥脆之感，卻也容易過乾，吃到蛋黃酥時會像卡在喉嚨一樣，需要喝水。如何在這之間取得一個平衡——兼具酥脆與化口性，便是我在製作蛋黃酥時一直以來的挑戰。兩者的比例，是沒辦法用想像或紙上談兵的。透過一次又一次的測試，才稍稍掌握到。

陳耀訓．麵包埠的紅土蛋黃酥就是在

巴黎波波的基礎上再做修正推出的。我喜歡紅土醃漬的鹹蛋黃醇厚的風味，也在豆沙上略微減糖，最重要的香氣，則是由來自丹麥的冠軍奶油 LURPAK 擔綱。期待消費者打開紅土蛋黃酥紙盒時，就被一股奶油香氣誘惑著、光聞就陶醉。

陳耀訓・麵包埠首次推出紅土蛋黃酥，眾人皆陌生。風味如何？有何特殊？為什麼一顆蛋黃酥要價七十元？消費者心裡滿是疑問，更別說要他們買上一盒七百元的蛋黃酥。為此，當時還在門市賣起單顆的蛋黃酥，就是想讓大家嘗嘗經過我重新詮釋的紅土蛋黃酥，直接與大家直球對決。果然，吃了單顆蛋黃酥的顧客多半都回頭再來購買整盒的紅土蛋黃酥。透過 Google 表單的預購訂單，很快地也就額滿關閉。這時候，門市的人員得一筆筆資料逐一比對，重複訂單、資料錯誤的都得確認，還得發送匯款簡訊，再核對匯款資料，耗費不少時間與人力資源。

中秋節過後，不少沒買到紅土蛋黃酥的人持續敲碗。考量我們仍是間販售日常麵包的麵包店，團隊不可能在製作麵包之餘，長時間持續加班製作蛋黃酥。為了在兩者之間取得平衡，隔年，也就是二〇一九年的春節前夕，我們也同樣推出紅土蛋黃酥禮盒。一樣透過 Google 表單預訂，同時每日保留一定盒數在門市銷售，也接受企業和團體大宗訂單。只是，仍有不少人反應，買不到紅土蛋黃酥。

從銷售與顧客反應，似乎可以感受到蛋黃酥受到消費者喜愛的程度，不過，真正躍升成為熱門商品是在二〇二〇年的中秋節前夕。這是我們第二個販售紅土鹹蛋黃酥的中秋節，同樣採取 Google 表單預訂及門市現場少量販售，也做出每人限購五盒的規定，為的就是讓更多人可以買到紅土蛋黃酥。只不過，無論是晴是雨，門市開門營業前門口便出現排隊人龍。從十一點、十點，到九點、七點，排隊的人龍一天比一天還早，甚至到了後期，還有人前一天晚上九點就搬了板凳在門口徹夜排隊。

這當中不乏代購業者聘請來的阿姨，也有自個兒來排隊採購的人。我們每天開店前盤點現場可銷售的數量，開店前發放號碼牌，也在截止人數後擺放完售立牌，避免排隊久候的人空等一場。然而，排隊人潮的爭執不斷，甚至幾度讓警方來調解；也有人將完售立牌推倒在地，造成晚來的人不知情而繼續排隊。這也是新冠疫情肆虐的一年，控管入店人數、量體溫、噴酒精等措施，也讓消化排隊人龍的時間拉長。更糟的是，平日前來購買麵包的人似乎也得加入排隊才算公平，但花上數倍時間等待日常所需，勢必引來不滿。每每開店前，門市人員都得深深吸氣，深怕現場有什麼突發狀況。

避免群聚、也減少排隊可能產生的糾紛與時間成本，我們決定改採線上預購，門市不再販售紅土鹹蛋黃酥、僅供提貨。這也是架設網站的初心，只是沒想到，自架購物網站的難度比想像的還難，實行了兩次，都以失敗收場。沒辦法做總量管制的 Google 表單，絕對是不可行的；門市排隊更是不可走的勞民回頭路……種種建議與可能性我們皆仔細評估，似乎仍是網路預購最可行。

距離下次的蛋黃酥，還有約莫半年不到，我一方面設法增加紅土蛋黃酥的產量，盡可能滿足消費者的需求。由於紅土鹹蛋黃酥都是我和團隊一顆顆手工揉製而成的，時間有限之下，只能從生產流程的改善、增加銷售日期著手。另一方面，團隊也展開各式諮詢與評估，從兩次失敗的慘痛經驗獲取養分，力求購物網站能一步到位。

這段期間，很多人總是會問我：為什麼蛋黃酥會竄紅？陳耀訓．麵包埠的蛋黃酥又為什麼能獲得大家的青睞？被視為傳統漢餅的蛋黃酥跟著時代一起蛻變，是關鍵所在。食材升級，製作者從不同技法詮釋，加上同一時間，有一定水準實力的師傅都推出具自我特色的蛋黃酥，百花齊放，自然也替這個市場注入一股源源不斷的流水。

可別看蛋黃酥小小一顆、食材簡單，實際上，正是透過數不完的細節所累積，才能有這麼一顆受到大家青睞的蛋黃酥。各項原料都有錙銖必較之處，光是把關食材的穩定一致性，就煞費心力。舉例來說，紅土醃漬的鹹鴨蛋因蛋的大小、蛋殼厚薄會有不一樣的醃漬程度，雖然蛋商盡力確保鹹蛋黃的一致性，實際到了我們店裡也都得再將過小或不合格品剔除。更別說，還得事先預估採購數量與時程，畢竟紅土醃製二十二天的鹹蛋黃不是馬上就有，也很難臨時追加數量。

不少人會說，陳耀訓．麵包埠紅土蛋黃酥之所以在市場上引起話題，是因為透過西式手法詮釋傳統蛋黃酥，讓人耳目一新。這麼說，對，也不對。這的確是我在技法、食材選擇上的一大變革。但我認為，與傳統或市面上蛋黃酥真正的不同，在於徹徹底底從消費者立場著眼的產品思考，而非過往的生產者思考。

我在設計紅土蛋黃酥時，思考的原點，是當消費者拿到這一盒蛋黃酥的呈現與風味。打開禮盒，奶油的香氣該要有多足？酥脆的表皮伴隨著奶油香氣是咬下時的第一印象，再來是豆沙的甜與鹹蛋黃的平衡。最後，底部我刻意讓奶油與鴨油在烤焙時化出造成的脆口，又帶來口感上的驚喜。既要保持酥脆又得兼具化口性，讓我們的紅土鹹蛋黃酥僅僅只有常溫五天、冷藏十天的最佳賞味期。並不是超過這天數紅土鹹蛋黃酥就壞了，而是那已不是我想向大家呈現的樣貌。

這是很任性地從末端消費者立場思考的。事實上，我在研發時根本沒有想保存期限的問題，一心一念只在於：如何做出理想中好吃的紅土蛋黃酥？等到商品成熟時，才來做最佳賞味期的測試。這和生產者思考的邏輯有很根本的差異。傳統上商品的設定一定希望保存期限越長越好，最好超過一個月，若要上架通路，三個月的保存期是基本的。而且，也必須追求數量極大化、生產的便利性，往往得犧牲掉一些工序的細節。但是我們的紅土蛋黃酥工序繁複，也因追求酥脆導致易碎的特性，既無法宅配，五天的賞味期限也大大不利送禮，都和傳統生產導向背道而馳。

二〇二一年九月二十三日，中秋節結

束的隔兩天，我和團隊已經坐在會議室裡開檢討會，重點當然是網路預購網站不順暢、卡住等議題。坐在會議室裡的人都很清楚，非解決網路購物產生的困擾不可，因為沒有第三次的機會了。

還好事情似乎露出曙光。團隊透過朋友的引薦，向擁有豐富電子商務經驗的「拓元售票系統」執行長邱光宗請益，也才理解到自架購物網站要從零到有，同時面對巨大瞬間流量，往往無法一次到位。總是得一次又一次的修正，即便每次都解決上次遇到的問題，仍有可能產生新的狀況。最後，團隊拋出：有沒有可能在拓元售票系統銷售陳耀訓．麵包埠的紅土蛋黃酥？借重拓元售票系統在流量上超過二十年的經驗，讓紅土蛋黃酥的預購不再卡關。

後續雙方隨即進入執行面的各項評估，沒有多久，約莫在十月下旬，陳耀訓．麵包埠就敲定與拓元售票系統的合作，要在他們的平台銷售紅土蛋黃酥。

「史上第一次！陳耀訓用演唱會售票系統賣蛋黃酥」「比照演唱會規格！陳耀訓用售票系統賣蛋黃酥 12/6 開搶」消息一對外公布，媒體紛紛報導。這真的是史上第一次，對拓元售票系統或對我們來說都是。這也是我們破釜沉舟的一役，只准成功不能失敗。

時間來到二〇二一年十二月六日，中午前夕。我和團隊所有人早早都已註冊好拓元售票系統的會員，也已登入等待紅土蛋黃酥的開賣。開賣三分鐘前，拓元售票系統回報：「上線人數超過一萬人。」十二點一開賣，人數更是飆升超過兩萬人。這次終於——順利了。沒有因頻寬不足而網站卡住、沒有購物流程不對，也沒有程式bug。短短的幾分鐘，紅土蛋黃酥已售罄，僅差線上刷卡失敗轉為自動提款機付帳的一些名額尚未確定。這是拓元售票系統的強項，在事前做預估，在開賣瞬間將流量大門打開到對等的規模，才能瞬間消化掉如此巨大的人流。

幾家歡樂幾家愁，我和團隊一顆顆用手揉出來的紅土蛋黃酥，數量有限，的確無法滿足所有想買的人。但至少我們從販售紅土蛋黃酥開始至今，遇到什麼關卡，總是想辦法在下一次解決。如同我的紅土蛋黃酥一樣，銷售了這麼多年，每次都有一些些進化與調整。●

↓這是很任性的從末端消費者立場思考的。事實上，我在研發時根本沒有想保存期限的問題，一心一念只在於：如何做出理想中好吃的紅土蛋黃酥？●

⑥ — 久等了！蔥麵包與肉鬆麵包 —

一路走來，我更能體會越簡單的事，越是不簡單。食材單純的肉鬆麵包和蔥麵包能做的變化實在有限，得在既有的框框下做突破。因為食材少，每項食材的味道，及組合起來的風味也就格外鮮明，往往會差之毫釐，失之千里。

陳耀訓・麵包埠佇立於台北市民生東路與敦化北路的巷弄內，自開店以來，不分麵包種類、將好吃的麵包日日上架已成日常。最讓我欣慰的是，越來越銷聲匿跡的台式麵包——雷阿胖、炸彈麵包、花生夾心，重新贏得顧客的目光。店內並沒有多餘的空白牆面可以張貼海報或宣傳物，這三款台式麵包就憑著產品卡上的名稱、主要食材與自身的魅力，找到粉絲，一路長紅。

「雖是台式古早麵包，但是麵包體比起古早麵包細緻，超好吃。」「我從它五塊錢時開始吃，真的是童年的記憶。」「每一口都吃得到奶酥，真的很貼心。」滿滿來自顧客的正面回應，無疑替我打了劑強心針，也印證我的想法：找到和顧客的連結，加上好的商品，就能打動他們的心。

台式麵包漸漸有了聲量，大家不光是吃，還討論起台式麵包的種種回憶。當中，不少顧客也問起蔥麵包和肉鬆麵包。這兩款台式麵包也是經典中的經典，為什麼陳耀訓・麵包埠獨缺它們？

缺席，不是沒有原因的。蔥麵包和肉

鬆麵包老早就是想推出的重點項目，無奈陳耀訓・麵包埠開幕前，我怎麼試都無法找到最佳的呈現方式。沒有十足把握，也就未推出上市，只能將它們擺在心上，等待靈感被觸動。

傳統的肉鬆麵包是在麵包體刷上一層美乃滋，再沾附肉鬆。美乃滋的油膩，若再搭上調味重、含有人工添加物的肉鬆，對於現代人的飲食習慣，無疑是種負擔。優質的肉鬆沒有著落，對於搭配的醬料也尚無想法，肉鬆麵包在腦袋裡停擺了好一陣子。直到進入冬天，陳耀訓・麵包埠的營運也算通過市場的考驗，我才又開始絞盡腦汁想做法。

好的肉鬆倒不難找，不能添加黃豆粉、瘦肉精等添加物是第一優先，風味能呈現肉鬆天然、簡單的滋味是我喜愛的方向。簡單來說，越單純越好。後來，在友人的介紹下，找到心儀的肉鬆。該如何呈現肉鬆和麵包之間的醬料，才是最頭痛的。我不斷反問自己：我想帶給顧客什麼風味的肉鬆麵包？肉鬆偏乾，似乎需要濕潤的食材來調配。整體風味強烈的肉鬆，又怎麼可以不膩口？

從夏威夷炒飯，我獲得了靈感，打算將鳳梨與肉鬆這兩個元素組合在肉鬆麵包之中。我開始熬製鳳梨醬汁，以鳳梨果泥、鳳梨果肉、糖與蘋果果膠細火慢熬，成了麵包和肉鬆之間的醬料。隱隱的天然酸味，是我想表現的，讓肉鬆吃起來更為爽口。這樣的呈現方式，一入口先是味道濃厚的肉鬆，待吃到了麵包體後，浮現鳳梨醬的酸味，等於讓這款肉鬆麵包有了味道的層次。既是熟悉的樣子，也蘊含新手法帶來的滋味。這完全符合我對重新詮釋台式麵包的看法。

蔥麵包帶給我的難題，完全不亞於肉鬆麵包。最大的掙扎應該在於，風味的濃淡取捨。過往，我在當學徒時所學的台式麵包，不管走到哪，蔥麵包是口味偏重的。不管在食材的選擇或是調味上，都是一派濃厚。我若按此邏輯、在不追求差異化下，做出重口味的蔥麵包，似乎不是我喜愛的，也可能不被市場接受；若是改變太大，則失去了復刻的意義。

老派的蔥麵包的重口味，來自與蔥結合的醬料。一般多使用在常溫會凝結的豬油，有的人會再混入沙茶，有的人則添加鹽巴或味醂。豬油除了讓麵包在烤焙之後香氣獨特之外，也可藉其凝固的狀態讓蔥花固定在麵團表面。試做的過程，我也曾從基礎的自製豬油開始，做起印象中的蔥麵包。豬油似乎搶走蔥不少風采，少了蔥當主角的呈現。也有試過不同手法，將蔥花拌入麵團烤焙，或將蔥花做成餡料包在麵團之中。並非味道不好，只是離原始蔥麵包的意象太遠了。

終究捨棄傳統豬油與沙茶呈現的濃厚滋味，想讓新鮮蔥花自身的美味有更多表現。油脂，是蔥麵包必須的元素，替蔥帶來如香煎過的香氣，也避免高溫烤焙下，蔥花過於乾扁或燒焦。既然要表現蔥的甘甜，我特別使用宜蘭三星農會的三星蔥，最後挑了較無風味的芥花油。液態狀的芥花油不似豬油可以固定麵團表面的蔥花，於是，我增添少許蛋液和提味的味醂，做成清爽原味的蔥花醬。麵包我則設計了一款甜度較低的麵團，帶點鹹味可以與蔥花醬做呼應，是吃起來帶點嚼勁的麵包口感。

這次，終於可以大喊賓果了，蔥的鮮甜完全呈現在這款蔥花麵包。

肉鬆麵包和蔥麵包在眾人敲碗下，趕在陳耀訓・麵包埠成立屆滿兩週年之際推出了。這又再次喚起許多人的回憶，「終於來了！」「兒時麵包！」熟悉感讓這兩款麵包一上架就有源源不絕的支持者，當然，好的味道和口感組合，才是能夠長銷背後的關鍵。

一路走來，我更能體會越簡單的事，越是不簡單。食材單純的肉鬆麵包和蔥麵包能做的變化實在有限，得在既有的框框下做突破。因為食材少，每項食材的味道及組合起來的風味也就格外鮮明，往往會差之毫釐，失之千里。陳耀訓・麵包埠一系列台式麵包的重新詮釋，不但代表著我生命的軌跡，從學習台式麵包、歐式麵包，再到不分國界、好吃的麵包，也充滿著我對麵包滿滿的熱情與愛。●

⑦ —麵包店的四季風景—

在布里歐麵包中夾入一塊圓形的抹茶冰淇淋，上頭撒上雲林九號花生粉及香菜。具有層次的香氣與甜味，在嘴裡隨著冰淇淋迸發。

麵包店是可以有四季變化的？

成立陳耀訓・麵包埠之初，這個問題一直在我心底，等待回應。過去台灣麵包店的營運，鮮少有新品上架，一年四季販售著相同的麵包品項。少數麵包店偶有新作推出，不過卻是以新品取代舊品作為更新。麵包店的四季，該有什麼不同的風景？五月開店，沒有多久我們便迎來炎熱且漫長的夏季。相較於冬季而言，這是麵包店的淡季。炎熱的氣溫，讓人頓失胃口，來買麵包的人也就相對減少。

縱然拜新開店之賜，陳耀訓・麵包埠生意仍可維持，心裡仍不免擔心，萬一熱潮過了，加上淡季衝擊，業績會不會一落千丈？該不該主動出擊？我和團隊動腦想到對抗酷暑的冰麵包。創意很簡單，來自我在國外看過將冰淇淋夾入麵包的做法。不過這樣就得現點現做，顧客也無法攜帶。該做什麼麵包？用什麼冰淇淋？風味怎麼設計？現場怎麼執行？諸多問題都是推出前必須克服的關卡。

非冰淇淋專業的我們先是找上好朋友——獲台灣冰淇淋達人創意大賽冠軍、「Double V」創辦人陳謙璿（Willson）。確認合作意願與可行性後，我便展開冰麵包的研發。考量與冰淇淋的結合，我率先確認以柔軟的日式甜麵包或布里歐為麵包類型，一方面與冰淇淋的口感更吻合，另一方面則可以吸收冰淇淋融化的汁液。

至於風味，我不打算憑空創造，而是想從店裡既有使用的食材來發想。店內頗受歡迎的花生夾心麵包，向來總是能讓顧客「聞香下馬」。這款由雲林九號花生所研磨的花生粉，扮演關鍵角色。能否在冰麵包中，也有它的身影？這時，我想到夜市販售的潤餅冰淇淋。把花生粉、香菜和冰淇淋組合一起，成為高人氣的美味。我也嘗試將這幾款食材與麵包送作堆，在布里歐麵包中夾入一塊圓形的抹茶冰淇淋，上頭撒上雲林九號花生粉及香菜。具有層次的香氣與甜味，在嘴裡隨著冰淇淋迸發。

另外，我想起了小時候我愛的紅豆牛奶冰淇淋。將店內的紅豆內餡搭配牛奶冰淇淋，以軟綿質地搭上滑潤質地，也許可行。為此我特別製作了一款巧克力口味的日式長型軟麵包，剖開後抹上一層紅豆內餡，再放上長條狀的牛奶香草冰淇淋。為了增添風味與口感，最後還在冰淇淋上頭撒上焦糖堅果碎。

就這樣，陳耀訓．麵包埠在炎炎夏日賣起冰麵包。每當有人結帳點單，外場同事便火速進到冰箱拿出冰淇淋，現做冰麵包。顧客拿到後，也都迫不及待地將這不等人的美味送進嘴裡。這是那一年陳耀訓．麵包埠夏天的專屬回憶。

運用呼應時節的盛產食材營造麵包店的季節感，也是一種方式。推出一兩款具季節感的期間限定商品，並不是太困難的事情，我思考的反而是：如何讓顧客對於季節性商品有感？二〇二〇年初，我選擇從草莓著手，打算在農曆年後推出「草莓季」。這項食材向來頗受歡迎，短暫的產季，也讓它更顯珍貴。對甜點店來說，有數樣草莓商品算是稀鬆平常，但一家麵包店推出草莓季，在當時是罕見的。

我卯足全力設計草莓商品，一口氣推出七款：純生草莓三明治、玫瑰草莓丹麥、新鮮草莓丹麥、巧克力草莓夾心、草莓泡芙、可可草莓塔、草莓大福。對草莓喜愛有加的顧客也奮力支持，好幾款商品往往一上架沒多久就銷售一空。不過進入三月產季末期，草莓品質大不如前，雖然顧客不捨，也還能使用進口草莓，我們還是結束了為期一個月的草莓季。

二〇二一年，草莓季又重新登場。有了前次經驗作基礎，這次將品項縮減為三款，讓商品更有重點、更進化。像是我特別以火龍果汁來製作吐司，再將粉色吐司製作成草莓三明治。草莓三明治變得浪漫可愛，人氣指數又更高。

陳耀訓．麵包埠因而扮演起農友和消費者之間的橋梁。我找到苗栗縣大湖鄉的草莓農，從源頭了解草莓的品種、栽種、氣候影響等生產端的種種，直接向農友進貨。每兩天農友便會從大湖鄉新鮮直送草莓。另一方面，在這些基礎上，我們呈現草莓在烘焙商品的魅力，向消費者展示草莓的另一種可能性。

不光是草莓，還包括夏季的芒果、冬季的肉桂捲、聖誕時節的潘納朵尼與史多

倫……都是陳耀訓・麵包埠呼應季節的限定商品。●

↓推出一兩款具季節感的期間限定商品，並不是太困難的事情，我思考的反而是：如何讓顧客對於季節性商品有感？●

yoshiyoshi

66

YOSHI YOSHI YOSHI YOSHI

⑧ —麵包好朋友—

透過不同麵包的滋味，展現麵包最大的可能性，讓顧客在更迭的四季日常，仍有幸福的小驚喜。

或許是想不斷進步的潛意識，在季節限定的商品之外，我還想與外部職人聯手，帶給顧客全新的體驗與驚喜。二〇二〇年，我邀來了世界冠軍好朋友們，展開名為「麵包好朋友」的跨界聯名合作。

最先登場的是獲得世界柑橘果醬大賽雙金獎的柯亞，及由她創辦的果醬品牌「好食光 Keya Jam」。麵包和果醬向來是相互搭配的「好朋友」，最常見的便是在烤好的吐司上頭抹一層奶油和果醬。在這次的企劃當中，我們當然不是只把麵包和果醬當成銷售組合，而是試圖將果醬與麵包融合呈現。

柯亞的好食光 Keya Jam 果醬是手工果醬，特別強調精緻性和風味的多樣性，而非傳統單一口味的果醬。這讓我想起當學徒時就做過以草莓果醬製作的草莓麵包。當時整個社會還沒那麼注重風味，也有不少色素、增稠劑等人工添加物。如今手工複方果醬流行，代表大家對於風味與天然的追求。對技術者是一件好事，因為我們有更多食材可以選擇，能跟麵包做出更多的變化。

我滿心期待這樣的組合會擦出什麼火花。後來，我們從眾多的果醬中挑選了綠番茄黃檸檬薑果醬、紅心芭樂果醬、草莓橙花香蕉果醬三款。我開始抱頭燒腦起來，風味絕佳的複方果醬，如果再與具有奶油、麵粉、酵母等味道的麵包組合在一起，怎樣才不是扣分、而是加分？再者，柯亞的手工果醬因為無添加物，質地偏向流質，在麵包烘焙上也形成不小的挑戰。

紅心芭樂果醬是辨識度最高的一款，我以丹麥麵包作為搭配，在麵包上先鋪上一層加了梅子粉的 Cream Cheese，避免丹麥麵包直接接觸到濕潤的果醬，上頭再鋪上滿滿的紅心芭樂果醬。酥脆中有滑潤的口感，濃郁的紅心芭樂風味讓消費者一吃就著迷。挑戰極高的綠番茄黃檸檬薑果醬，我則製作了一款有起司、培根、黑胡椒、洋蔥等食材的麵包，剖開後抹上該果醬，成為鹹甜交織的風味。豐富具有層次的味道，讓柯亞大力稱讚，「吃起來像在吃一道菜。」

當年度第二個登場的世界冠軍，是「Simple Kaffa 興波咖啡」的創辦人、台灣首位世界咖啡大師賽（WBC，World Barista Championship）冠軍吳則霖。收到邀請時，他一口就答應接下這個難度極高的聯名挑戰——我們將以精品咖啡來製作咖啡風味的麵包。

過往烘焙業多半使用即溶咖啡或三合一咖啡，不特別強調咖啡多元的香氣，強烈焦苦的咖啡風味也很容易讓消費者一吃就能聯想到咖啡。要在麵包中表現精品咖啡細緻的前中後風味，我幾乎沒什麼把握，因為麵包製作時，咖啡和麵粉、酵母、糖等食材混合，味道能保留多少是一個關鍵。再來，麵包得經由高溫烤焙，出爐之後又能剩下多少咖啡的風味，這是最難的挑戰。

想辦法留住精品咖啡的風味，是這次的最大課題。我和吳則霖先釐清在麵包運用上咖啡風味萃取的可能方式，找到咖啡油、濃縮咖啡與咖啡粉末等三種型態。最特殊的咖啡油，過去我有聽聞卻不甚了解其操作，令我特別感到興趣。吳則霖告訴我，「在精品咖啡中很重要的一環是香氣。一般是以水做媒介來沖煮咖啡，萃取香氣。就我的經驗，有幾種萃取方式會比水萃取咖啡來得更有效，一是酒精，二是用油去吸附香氣。但把酒精加到麵包中，不太適合，或許可以考慮利用油脂（咖啡油）去萃取咖啡風味。」

做法即是把咖啡粉和油脂混合均勻，透過低溫烹調把香氣融到油脂，最後再把咖啡粉過濾掉，就是有咖啡風味的油。

用油萃咖啡製作麵包，我第一想到的就是佛卡夏。我去義大利時，發現當地的佛卡夏和台灣吃的不太一樣，幾乎都是經過油煎（鐵盤上有很多油脂）再去烤焙。販售時，麵包的底部和麵包本身都還有很多油脂。而佛卡夏麵包本身的組織，吃起來也不會太油膩。咖啡佛卡夏從攪拌、發酵、成型、烤焙、出爐等每個製作環節，都會添加不等的咖啡油。等於是把一定的分量分成多次加入麵包，讓咖啡的香氣不會在這些程序當中減損。

這是一款神奇的麵包，表面上僅看到撒在上頭一同烤焙的起司絲，感覺就像是款起司麵包，不過只要湊近鼻子一聞，就有深焙咖啡的香氣。看不到咖啡的顏色或元素，可是卻有精品咖啡的香氣存在。

我幾乎把這次咖啡與麵包的研發，當作去參加一場國際咖啡與麵包的競賽一樣，絞盡腦汁不斷測試。為了表現精品咖啡多元的風味，在製程上改變不少，也在不同階段加入咖啡風味，甚至在一款麵包中融合不同技法，以求最佳的表現。

舉例來說，以濃縮咖啡液來製作咖啡奶油霜時，若有過多的濃縮咖啡會造成奶油霜油水分離的，所以我從最高比例慢慢開始往下調，才找到濃縮咖啡液在製作奶油霜的最高添加比例。即便如此，風味還是不甚鮮明。反覆與吳則霖討論、測試，最後他調整了三倍濃縮的咖啡液給我，咖啡奶油霜才展現出立體的風味層次。最後，我做成「淺焙／深焙咖啡雙胞胎」，長得像毛毛蟲的這款麵包其實內藏玄機，兩個連結在一起的圓麵包裡的內餡分別是淺焙水洗和深焙阿寶[6]製作的奶油霜，風味截然不同，讓人吃起來頗有驚喜。

水洗咖啡布里歐則融合繁複的技法。在製作過程中，降低了奶蛋的比例，還特別在麵包裡加了以濃縮咖啡製作的杏仁餡，外層頂部則有深焙咖啡製作的蛋白餅。還有個看不到的秘密，該款麵包一出爐便馬上浸過咖啡液，浸幾秒？浸多深？這些都經過無數次的測試。

那一次陳耀訓．麵包埠一共推出五款咖啡麵包，成果驚人。淺焙／深焙咖啡雙胞胎最受歡迎，咖啡佛卡夏則讓許多咖啡愛好者與業界人士驚豔不已。可以說，不同喜好程度的人，都可以從中找到自己喜歡的咖啡麵包。

6. 興波咖啡的一款咖啡豆。

這樣的活動所投入的心力往往大過實際銷售的價格。更貼切的說法是，這是回饋給陳耀訓・麵包埠的熟客與支持者。我們透過不同麵包的滋味，展現麵包最大的可能性，讓顧客在更迭的四季日常，仍有幸福的小驚喜。●

↓這是一款神奇的麵包，
表面上僅看到撒在上頭一同烤焙的起司絲，感覺就像是款起司麵包，
不過只要湊近鼻子一聞，
就有深焙咖啡的香氣。●

199

⑨ —麵包大師客座—

和張家豪再次一同工作，感覺有點相同，也有點不同。相同的是，我們對於麵包源源不絕的熱情與動力；不同的是，我們都因這股熱情，變得更豐富。

將邀請傳達給「慶祝烘焙」的創辦人張家豪，沒過多久，他回覆我：可以。就這樣，陳耀訓．麵包埠要和慶祝烘焙共同舉辦麵包大師客座活動。我們彼此前往對方的麵包店客座幾天，推出限量款麵包。

會有這樣的構想，源自從全球到台灣都很流行的精緻餐飲餐廳客座活動。由餐廳邀請名廚前來客座，有的是讓本地的顧客可以不出國，就能吃到該名廚的餐點；有的則讓名廚與該餐廳的主廚共同交流產生火花，聯手設計菜色。從四手、六手，到更多手的「聯彈」皆有。麵包店銷售單價較低，或許支撐不起國際烘焙名師的費用，多數麵包店也沒有足夠的場域可以讓顧客坐下來享用。因此一直以來台灣並沒有所謂的麵包師傅客座活動，多半僅是邀請國外麵包名師來台的示範講習會，並無對一般大眾開放。

二〇二一年，慶祝烘焙的誕生，讓我萌生舉辦麵包客座活動的念頭。慶祝烘焙的前身其實是在天母經營九年的「野上麵包」天母店，主廚張家豪是帶領我入門歐式麵包的老師。他在我對歐式麵包一知半解的時候，手把手非常有耐心地教會我製作歐式麵包。我對歐式麵包蹲馬步的基本功，都源自於他。

張家豪打算要經營自己的麵包品牌，買下野上麵包股份，在同樣的場地、以相同的團隊重起爐灶，創立慶祝烘焙。基於師徒的情誼，我們會在彼此新開店時前往協助支援，以行動支持作為一種慶賀。猶記得二〇一一年我在高雄剛開巴黎波波時，唯一的麵包助手被我嚇走，我一人苦撐內場，還得身兼外場，業績更是慘澹。當時，張家豪義氣十足地專程南下高雄，在巴黎波波的廚房待了兩、三天。除了實質的工作協助，也給予我諸多鼓勵與經營的建議。

慶祝烘焙已有原先完整的團隊，也有穩固客群，似乎不缺廚房裡的幫手。我還能做什麼表達支持與祝賀？不如來場台灣都還沒有人做的麵包客座吧。藉彼此之名，相互造勢，也讓各自的團隊有所交流。

很快地確認好麵包大師客座的架構，由我和張家豪各設計兩款麵包，各自設計的麵包不在自家麵包店販售，僅在對方的麵包店銷售。張家豪以他拿手的歐式麵包作為設計方向，而我則以甜麵包為發想依據。

不到幾週的時間，張家豪率先丟出他將客座陳耀訓·麵包埠的兩款麵包：高達櫻花蝦與油漬番茄巧巴達。一款是法國麵包，一款是義大利麵包，截然不同的麵包製作思維與文化。

高達櫻花蝦就是法國麵包的變奏版，在法國麵包麵團中加入高達起司、櫻花蝦與菠菜，會是比法國長棍麵包還討人喜歡的麵包。他告訴我，高達櫻花蝦是高含水的法國麵包，麵團水分可高達七十八%。這是他想與陳耀訓·麵包埠團隊分享的麵包製作技法。曾經，我還跟在張家豪身邊學習歐式麵包製作時，法國麵包麵團的含水量頂多六十五％，隨著技術的進步，現在七十至八十％的含水量已非難事。高含水量麵團所製作的法國麵包更濕潤、皮更薄、氣孔也更多，整體風味又往上一個層次。

據說，巧巴達是義大利人為了抵抗法國長棍麵包所發明的，製程卻略有差異。張家豪很貼心地打算在客座推出這款同樣是高含水的麵包，就是為了讓我們的團隊了解和法國長棍麵包同源、卻又有不同呈現的技法。

回到我自己，在慶祝烘焙客座時想做什麼呢？第一時間跳出來的是我在二○一七年 Mondial du Pain 世界麵包大賽中的作品：馬告鳳梨布里歐。這款麵包，是我身為麵包師傅走出廚房的起點，特別想與張家豪的團隊分享。聽到我要做這款麵包時，團隊成員還說我是不是有點偷懶，竟然拿舊作出來。他們並不知道，名稱、食材和先前一模一樣，可是我腦子裡已有全新的想像。這是得到冠軍後，不同視野所帶來的改變。

我想把長型的布里歐麵包改成花朵的形狀，讓五朵花瓣圍繞著中心的花蕊，再放上以馬告漬過的鳳梨。避免濕潤的鳳梨浸濕布里歐麵包而改變質感，通常我會在兩者之間放上一層醬料作為隔絕。這次，我想把以往都捨棄的鳳梨心也拿來運用。將其均質[7]後與杏仁粉熬煮成濃稠的醬料，不僅零浪費，又達到隔絕的效果。

此外，我想讓馬告從鮮明的意象變成

7. 透過器具，使不同成分的食材成為均勻而穩定的液體。

「隱味」。味道有點狂野的馬告並不是一個容易駕馭的食材，我曾經為之傷腦筋。後來，拿磨碎的馬告與糖一起熬煮鳳梨有不錯的效果，細碎的馬告和鳳梨的甘酸相互融合，在鳳梨上又看到四處分布的馬告，成功地征服 Mondial du Pain 世界麵包大賽的評審。這次麵包客座活動，我則想把馬告「變不見」。並不是不用馬告，而是讓馬告只以風味的形式存在。眼睛看不見，但在吃進嘴巴的瞬間立刻感受到馬告的風味，絕對更為驚喜。於是，我將磨碎的馬告放進不織布茶袋，和糖、鳳梨一起熬煮。

另一款與其說是麵包，更像是甜點。我在慶祝烘焙看到它們販售法式甜點可麗露，這是我人生中第一款學會的甜點，具有特殊意義。它讓我想起在 Mondial du Pain 世界麵包大賽與各國選手交流之際，不少人都端出麵包與甜點結合的作品，並視為烘焙業的一大趨勢。也許我可以利用慶祝烘焙的可麗露，再與什麼做結合？嘗試許久，最終我將巧克力酥皮包上慶祝烘焙的可麗露進行烤焙，命名為「天使之鈴」。

麵包大師客座活動來到起跑日。先是我在慶祝烘焙客座一天，馬告鳳梨布里歐與天使之鈴兩項作品則銷售長達一週。緊接著，張家豪前來陳耀訓・麵包埠客座，其作品高達櫻花蝦與油漬番茄巧巴達也在我的店內銷售六天。

四款商品的技術含量都比想像中高。一如看到馬告鳳梨布里歐的製程，一位記錄過程的朋友說：「這根本磨練修心吧。」

原本一塊將近手掌心大的麵團，變成了五個約莫指尖大、僅十克的麵團。體積小，從分割到整形都不甚容易，最後還得沾上開心果碎、放入烤模。這樣的過程得重複五次，才能做好一個馬告鳳梨布里歐的花瓣。

也只有特殊活動時，我們才得以這麼任性，不計成本、不考慮流程的繁複，只想做出別出心裁的作品。更開心的是，雙方的團隊皆賣力執行，有實質的收穫。像是慶祝烘焙的團隊還自發性地回饋給我，如何讓天使之鈴在烤焙時可以不歪斜。

睽違十年，我和我的師傅張家豪又因麵包大師客座活動在同一個廚房一起工作。那段苦學麵包的回憶點滴湧上心頭，有點熟悉、有點懷念。想起了話不多、總是很有耐心教導我的張家豪；想起了一定要學會製作麵包的熱情；也想起了年少輕狂、壞脾氣的自己。和張家豪再次一同工作，感覺有點相同，也有點不同。相同的是，我們對於麵包源源不絕的熱情與動力；不同的是，我們都因這股熱情，變得更豐富。●

慶
Celebrate
SINCE 2021
祝
YO
SHI
BAKERY
陳耀訓 麵包埠
烘焙大師
客座
0413-0425
台灣歐式麵包推手 張家豪
4/19客座陳耀訓・麵包埠
4/20-4/25客座商品於陳耀訓・
麵包埠銷售
世界麵包大賽冠軍 陳耀訓
4/13客座慶祝烘焙
4/13-4/19客座商品於慶祝烘焙
銷售
油漬番茄巧巴達
高達櫻花蝦
馬吉鳳梨布里歐
天使之鈴

⑩ —極致的可頌—

我是在一個個失敗可頌與完美可頌的對比下，慢慢地懂得欣賞它的美好，進而愛上它的。天然奶油帶來的愉悅香氣，酥脆無比又充滿空氣的口感。越知道它的困難與細節，我更加著迷於完美可頌該有的樣子。

循著地址，走進位於台中市梅亭街的羅娃麵包店。這是業界討論度高、店裡銷售罕見歐式麵包的一家店。一顆潘納朵尼水果麵包可以賣好長一段時間，而且要價近兩百多元。這對當時身為台式麵包主廚的我來說，極度不可思議。

為什麼麵包擺那麼久，不會壞掉？為什麼同樣是麵包，潘納朵尼可以是我賣的台式麵包十倍的價格？實在很想一探究竟。

羅娃的銷售空間並不大，只有兩三坪。與眾不同的是這裡只賣麵包，且絕大多數都是我僅在歐式麵包食譜書看到的品項。這在當時賣麵包也賣西點蛋糕的烘焙產業，算是獨樹一幟。我一口氣買了法國長棍麵包、可頌、水果麵包，就近到附近的咖啡店吃了起來。

「這也是算是麵包嗎？還是甜點？」這是我閱讀眾多可頌食譜後，首次親眼看見、品嘗正統的經典可頌。邊吃邊掉屑、蜂窩狀的麵包組織、飄散著濃郁的奶油香氣、入口酥脆、奶油餘韻悠長……一邊吃腦中一邊浮現食譜書裡的種種描述，「原來這才是真正的可頌，這才是可頌該有的質地。」

那是二〇〇六年，我正值氣力旺盛、衝勁滿盈的二十五歲，對於未知的麵包，總是充滿想探索的好奇。與其說當時的我喜愛可頌，更貼切的說法應該是，對於未知所帶來的著迷。對可頌的喜愛，我是後來一點一滴慢慢累積而來的。

為了學習歐式麵包的製作，我進到羅娃麵包，重新歸零從學徒做起。不到一年，羅娃面臨組織調整，我也順勢轉到巴蕾麵包繼續我的歐式麵包修業之路。

可頌，可說是我學習關卡中的大魔王。無數的失敗品與張家豪示範的完成品，兩相對照比較，風味根本天差地遠。我做的雖然外型有可頌的樣子，但一入口奶油風味一點也不鮮明，口感也不甚酥脆。張家豪告訴我，這就是可頌困難之處，稍有不慎，奶油和麵團未達均衡，就會影響風味。

這與可頌的組成有關。簡單地說，可頌是麵團和奶油層層堆疊、彎月型的麵包。在烤箱高溫烘焙之下，可頌麵團膨脹，原本在麵團層之間的奶油融化，產生類似油煎的效果。不僅讓麵團變脆，也吸收了奶油風味，而成為以奶油香氣為主角的酥脆麵包。

奶油，是可頌至關重要的食材，通常同樣擀成片狀的麵團和奶油，透過反覆折疊包覆擀平，創造出層次。偏偏奶油熔點極低，約在二十多度就會軟化，三十度左右就會融化，就連觸碰麵團的雙手溫度都比熔點高，若沒有把握好製作的時間和技巧，奶油往往在送進烤箱前就融化，造成風味的不平衡。

成型是會影響風味的，這和許多麵包很不同。舉例來說，日式紅豆麵包若成型做得不好，頂多就是端出形狀不圓的紅豆麵包，風味不受太大影響的。然而，可頌並非如此。

我是在一個個失敗可頌與完美可頌的對比下，慢慢懂得欣賞它的美好，進而愛上它的。天然奶油帶來的愉悅香氣，酥脆無比又充滿空氣的口感。越知道它的困難與細節，就更加著迷於完美可頌該有的樣子。

烘焙業界有個看門道的默契，若要判斷一家麵包店的優劣好壞，從法國長棍麵包、可頌和吐司三種商品就能一窺一二。法國長棍麵包代表著麵包主廚對於小麥風味及最簡單原料的呈現；可頌則在於奶油、時間與製作環境的掌控；至於很基本的吐司，難在發酵的拿捏與如何做出差異化。這三種商品，若都能有不錯的表現，這一家麵包店其他的品項也會有一定的水準。

這也是後來二〇一一年我在高雄創立巴黎波波時，將法國長棍麵包、可頌和吐司列為架上商品的原因，即便當時飲食風潮還未吹到歐風十足的長棍麵包和可頌。當年的可頌是我向張家豪拜師習得的，偏向傳統派。剛創業的我，只是複製師傅的技法與風味，對於可頌的詮釋沒有太多自己的想法。

直到二〇一六年的一次日本自由行參訪，我才又燃起對可頌風味的新想像。我與太太新惠每到日本，便是前往各個慕名已久的麵包店，先感受麵包店的氛圍與經營策略，更實際的是買麵包試吃。前往由世界甜麵包冠軍佐佐木卓也開設的麵包店「Dudestin」時，我們已經在東京待了很多天，吃遍不少麵包。當下我們有別以往，只先買了經典可頌，打算先試試口味。若是好吃，再考慮購買其他的麵包。

我永遠記得咬下可頌的剎那，酥脆的口感結合濃郁的奶油風味，更特別的是，咬斷性特別好，非常容易入口。那一口，既強烈又內斂溫柔，給了我很大的衝擊。這是迥異於傳統可頌的呈現，究竟關鍵在哪？是什麼製作技法造成的？諸多疑問在當下並沒有解答。我們立刻又進到店裡，幾乎把所有的麵包都帶上。

回到台灣後，我著手準備參加 Mondial du Pain 世界麵包大賽台灣代表選拔。可頌是大會指定的項目，而且無法加入副食材來做變化，等於是素顏美人的直球對決。如何創造出強烈風味卻又質感輕盈的可頌？我苦思良久。後來，我試圖提高奶油的比例，讓奶油風味更為明顯。一般可頌的奶油比例約在三十％，我朝著三十五％的極限挑戰。只是我們製作可頌時，為避免奶油融化，會在約三、五度的冷藏空間進行，越低溫奶油延展性也會略微打折。最終，我讓可頌約有三十四％的奶油。

光這樣還不夠，我把腦筋動到製作技法。可頌是透過麵團與奶油反覆包裹、折疊做出來的，怎麼折便會影響到可頌最終的層次與口感。十二、十六、二十七層

（指麵團層）的做法都各有支持者。過往我習得的可頌是十六層的做法，得知令我震撼的日本麵包店 Dudestin 是採十二層技法時，我也著手實驗。

Mondial du Pain 世界麵包大賽，我便是以奶油比例高達三十四%的十二層可頌和世界各國好手一同競技的。在同樣厚度的可頌麵團中，層數越多製作出來的可頌比較偏向酥的口感；層數越少則相對地奶油層厚度更高，奶油香氣也就更加濃郁，口感較硬脆。兩個關鍵之處的調整，在在都讓可頌有了不同的身分識別。贏得 Mondial du Pain 世界麵包大賽冠軍回台後，為此我還在巴黎波波限時推出這款十二層可頌，讓顧客可以同時與店裡原本就有的十六層可頌相互比較。

十二層可頌的問市，也呼應著我一向的價值：即便原料有所規範，隨著食材與技法的推陳出新，加上技術者的絞盡腦汁，總是能創造出同款卻不同風味的商品。

十二層可頌後來成為台北創立陳耀訓・麵包埠的定番商品。不同的是，我用了我喜歡的丹麥冠軍奶油 LURPAK。這款奶油一入口不似法國奶油來得強烈，卻相當細緻，尾韻悠長。當然，也有不少人認為這不是正宗法國可頌的風味表現。事實上風味的追求並沒有對與錯、好與壞，只有師傅想詮釋呈現的風格。追求麵粉、奶油等所有的原料都從法國而來，是一種取向。「細緻優雅，想再多吃一個的餘韻。」則是我想傳遞的另一種取向。●

yoshi.

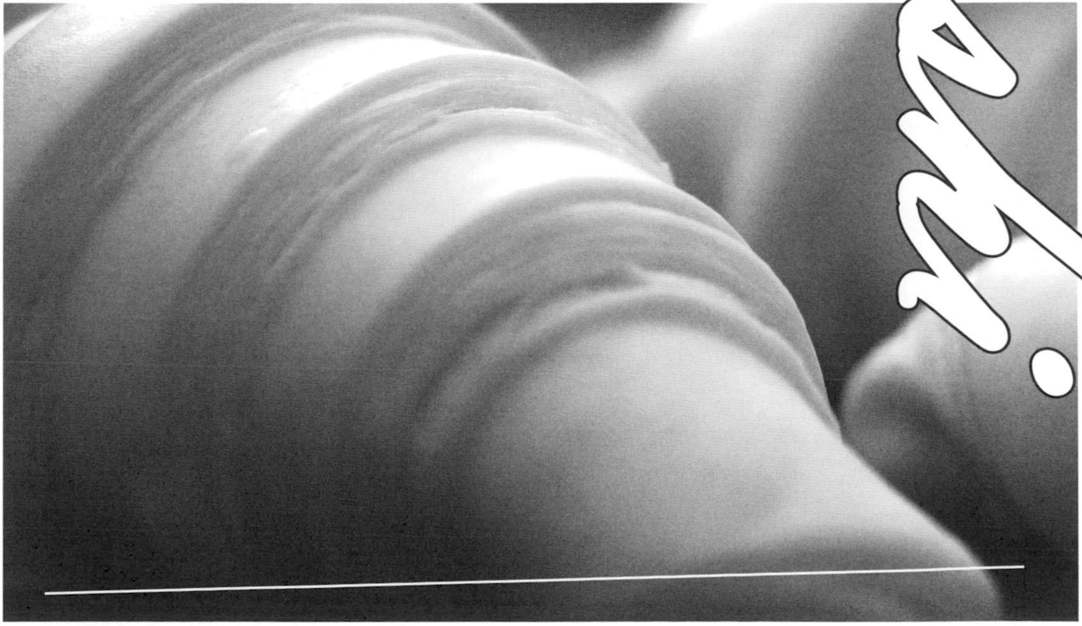

⑪ ─72小時石臼法國─

麵粉、酵母、鹽和水，食譜書上羅列的法國長棍麵包食材僅僅這四款，沒有別的。沒製作過法國長棍麵包的我是充滿矛盾的，一方面，從字面上理解到簡簡單單的食材；另一方面又覺得：「怎麼可能只有這麼簡單的食材？」

有限制真的不好嗎？限制會局限一切的發展嗎？有限與無限的微妙關係，是我一路走來，在法國長棍麵包（Baguette）中體會而來的。

不可否認，年輕的我曾經也是一個追求配方的麵包師傅。配方，可視為一家麵包店的寶藏，甚至為了避免配方外流，有的麵包師傅甚至從未用白紙黑字寫下，全都存在他的腦海。站在師傅一旁的我，看著他將食材一一投入攪拌缸，卻完全不知道投入的食材與分量，自然而然更加好奇。彷彿取得麵包的配方，就能擁有技術，年輕的我到麵包店工作、和業界的交流，往往就是想取得配方。

第一次在外文書看到法國長棍麵包的配方時，完全難以想像。那時正值二〇〇〇年，台灣麵包的主流市場仍是日式麵包、台式麵包，不少傳統麵包店不只販售麵包，還兼營蛋糕甜點。從產業基層出身的我，即便擁有六、七年資歷，也當上飯店體系麵包店主廚，卻對這款來自美食之國的法國長棍麵包一無所知。

麵粉、酵母、鹽和水，食譜書上羅列的法國長棍麵包食材僅僅這四款，沒有別的。沒製作過法國長棍麵包的我是充滿矛盾的，一方面，從字面上理解到簡簡單單的食材；另一方面又覺得：「怎麼可能這麼簡單？」

身為一位麵包師傅，怎麼可以有不認識、不會製作的麵包？出於對未知的追尋，我四處找尋可以學習歐式麵包的管道，最終落腳台中巴蕾麵包，重新歸零當起學徒，跟著主廚張家豪學習歐式麵包。

一直到張家豪親身製作法國長棍麵包，我從旁協助，這才停止了我內心的矛盾。原來，法國長棍麵包就是這麼簡單的四種材料，而且在法國正統的長棍麵包還受到法規的保障，任何添加物和改良劑都不能有。萬萬沒想到的是如此簡單的四種食材，學習的過程卻一點也不簡單。從基礎的知識、技巧學起，我花了整整兩年才能製作出一根合格的法國長棍麵包。時間長到數度懷疑自己是否適合製作歐式麵包。

張家豪在嚴謹的日式麵包體系養成，對一根法國長棍麵包該有的模樣有嚴格規範。長度須在五十五至六十公分，成品重量約兩百五十公克，麵包上頭得有七刀割痕。以手指壓下法國長棍麵包酥脆的表皮能聽到「嗶嗶」的聲音，麵包會再回彈；切開斷面則呈現大小氣孔狀。表皮酥脆，越嚼越能感受小麥的香氣。

這款技術含量高的麵包，在法國是當地人的尋常主食，麵包店很常將法國長棍麵包一根根直立地擺在櫃檯後方。他們早餐拿它來配咖啡，午晚餐則用於佐餐。在二〇〇〇年出頭的台灣，或因飲食習慣差異，或因會製作的人太少，而未廣泛流傳。即便二〇一一年，專業的麵包店漸漸深入街頭巷弄，我在巴黎波波賣的法國長棍麵包仍然乏人問津。

面對市場極低的需求，我總是告訴自己，外來的飲食文化需要更多時間推廣。當時，巴黎波波正值生死存亡之際，我也就慢慢地將重心擺在商品品項的調整，而非如何做出一根更理想的法國長棍麵包。

法國長棍麵包流傳這麼久，且有諸多限制，還會有什麼可能性？直到我前往日本麵包店 Monsieur Ivan 實習，其創辦人小倉孝樹給了我全新觀點。這位日本業界的麵包大師善於混用不同的麵粉，他也將這獨門技術運用在法國長棍麵包的製作，使用了五款不同麵粉。這款法國長棍麵包，氣孔不算大，咬起來斷口性特別地好。

「小倉師傅，為什麼您要混合這麼多不同麵粉來做法國長棍麵包？」「為什麼要做出氣孔較小的法國長棍麵包？」半年實習來到下半場，我藉機向小倉孝樹請益。他並沒有先回答我的疑問，反而問我：「你覺得這款法國長棍麵包好不好吃？」「好吃。這不是客套話，是真的好吃。」我說。

「好吃，是最重要的第一要素。」小倉孝樹說。然而日本在地的好吃，不見得與法國的好吃標準一樣。兩地有飲食習慣、氣候的差異，「我們不見得適合法國這麼正統的做法。」他解釋。在法國，當地人把法國長棍麵包當作主食單吃，往往外皮較厚，在日本，特別是 Monsieur Ivan 所在地多以家庭客居多，顧客多半會買以法國長棍麵包製作的輕食三明治作為午餐。如果裡頭有食材，麵包的皮又很厚，「顧客便會很難咬斷，不是那麼容易食用。」

所以，他混合數種麵粉，甚至還包含烏龍麵專用粉，用以讓麵包更容易咬斷，最終是為了調配出適合當地的法國長棍麵包。小倉孝樹說，「我並不是想要與眾不同，而設計出這個混粉。而是把很多好的食材結合在一起，創造平衡風味，藉此呈現出個人特色。」

我恍然大悟，原來在麵包的設計端，不單單只是做出一個好的法國長棍麵包，更要貼心地想到消費者怎麼食用。

回台後，我投入比賽的準備，也思考起如何做出特色與美味兼具的法國長棍麵包。面臨各路好手的競爭，如何讓法國長棍麵包風味更佳？如何脫穎而出？我花了不少時間研究各種技法，展開實驗。包括透過技法讓麵團吸收更多水的高水量製作、長時間發酵、不同酵母的影響等。又更深刻體會雖然僅有簡單的四種食材，卻沒有規範一定要怎麼做。也就說，法國長棍麵包的做法是可以很靈活多樣的。

參加 Mondial du Pain 世界麵包大賽奪得冠軍的做法，是目前陳耀訓．麵包埠銷售的相似版本。如同在門市的商品字卡上寫的：七十二小時石臼法國。我利用長達三天的發酵，替法國長棍麵包增添風味。第一天，我做了一部分的發酵種，第二天再以發酵種進行主麵團的攪拌，並置放於冷藏的環境進行發酵。直到第三天，才會取出分割、成型、烤焙。

盡可能延長發酵的時間，是為了延長水和麵粉結合的過程，如此一來，酵母更能將麵粉裡的甘甜滋味引出。風險也是有的，酵母的效力會隨時間變長而越來越弱，屆時麵團的膨脹力道也會減弱，酸味越發明顯。這當中得透過微妙細節的掌握來取得平衡。

此外，我也循著小倉孝樹的思維，在這款法國長棍麵包中使用了兩款不同的麵粉。一是熊本製粉的櫻花法國粉，一是石臼粉。考量製作過程的易於操作，添加以石臼研磨的麵粉，更替法國長棍麵包增添風味。從消費者的感受著手，則讓法國長棍麵包皮薄容易咀嚼，更不受台灣潮濕氣候影響。

費時三日才能上架的法國長棍麵包，對我們來說，人力與時間的投入都遠超過一般做法。熱銷時，更無法立即加量製作，趁勝追擊。若問我值得嗎？除了我個人在法國長棍麵包的框架與精神下，做出屬於我的新創詮釋，更好的回饋便是顧客端對於陳耀訓・麵包埠法國長棍麵包的喜愛。●

yoshi

↓

「好吃，是最重要的第一要素。」小倉孝樹說。然而日本在地的好吃，不見得與法國的好吃標準一樣。●

⑫ — 酵母與魯邦酸麵包 —

「讓魯邦酸麵包多了商業價值。」這是 Mondial du Pain 世界麵包大賽評審對於我這款魯邦酸麵包的評語，也呼應著我製作這款麵包的初心：令我真心喜愛，也讓台灣人更能接受的魯邦酸麵包。

酵母，是製作麵包不可或缺的元素。具有活力的酵母和麵粉等食材結合後，經由發酵、烤焙，賦予麵包形體、結構與風味。就如同生命不可預測，酵母是活的，同樣不好捉摸。不但要持續餵養養分，讓它保有活力，還得關照氣候、環境對其產生的影響，時時呵護。

年輕還在當學徒的時候，我便見過店家培養酵母，業界多以小白、老麵種稱之。只是那時候還在懵懵懂懂的階段，知道麵粉加水會發酵，實際上加到麵團裡會產生什麼效果、該怎麼續養照顧等，帶領我的師傅並未多說。身為學徒的我只能聽從指示，依樣畫葫蘆。

酵母究竟怎麼來的？一直到學習歐式麵包階段，我才有較全面的了解。把麵粉和水混合均勻，置於透明玻璃瓶裡，擺放在三十至三十八度的潮濕環境。二十四小時後，便會見到原本的麵團膨脹了一倍以上，裡頭便是有活性的酵母。

就是這麼神奇。存在大自然環境中的天然菌種，沾附在麵粉上頭，透過水、麵粉提供的養分及適合養成的環境產生活性，進而成為酵母。持續在玻璃瓶中投入新的麵粉，直至第七天達到該有的風味及穩定性，我們才會將這酵母拿來製作麵包。

過去，酵母的風味是否達到標準，是透過味蕾品嘗來確認的。微微的酸，沒有強烈的醋酸味，像是優格的味道，尾韻又帶著回甘的滋味。現在除了實際品嘗之外，也能以更科學的儀器來測量酵母的ＰＨ值。

需要如此謹慎，是因為自家培養酵母的原理看起來頗為容易，實際執行起來卻不是那麼簡單。酵母的培養和保存，非常仰賴經驗與技術。稍有不慎，菌種受雜菌汙染而敗壞、活力不足導致麵包無法完全發酵、產生酸敗等都有可能發生。萬一酵母菌種發生問題，就得從頭來過。

這也是為什麼到了十九世紀出現的商業酵母漸漸被廣泛運用。商業酵母和自家培養的酵母有什麼不同呢？兩者其實都是天然酵母，只是商業酵母從自然環境中挑選出單一菌種，加以培養，穩定度極高、發酵力道強，且更容易控制。台灣曾經出現標榜天然酵母的麵包店，彷彿掛上「天然」二字就更為健康，事實上這是很詭異的說法。有日本麵包之神稱號的仁瓶利夫曾經在台灣舉辦的講習會上就表示，在日本幾乎中小型的麵包店都有自己培養的酵母，可是他們並不會特別強調天然酵母，「因為包括商業酵母，所有酵母都是天然的。」

培養自家酵母的方式，除了全麥粉、裸麥粉、小麥麵粉外，也能從水果萃取，這些農作物或穀物表面皆有附著大自然裡的菌種。不同材料，不同的組成內容，風味自然也就完全不同。雖說水果也能製作自家酵母，不過水果的糖分不一，穩定度並不是那麼高，加上做成的酵母風味屬於短效期，並非麵包烘焙店的主流。

陳耀訓・麵包埠日日生產的四、五十款麵包，是靠著四種酵母而來：商業酵母、魯邦液種、魯邦硬種、潘納朵尼硬種。商業酵母是粉末狀，而自家培養的酵母又有像是液態狀的液種與堅硬的硬種之別。除了商業酵母之外，其餘三款自家培養的酵母都必須日日重新給予養分續養，過往門市遇農曆新年長假，我都得帶著這些麵包店的命脈回鹿港，日日呵護。

魯邦液種，是我們自己從小麥麵粉和水培養出的酵母。除了魯邦酸麵包、義大利潘納朵尼麵包之外，所有麵包麵團中都有添加魯邦液種，這是因為魯邦液種能夠保濕、延緩麵包老化、柔軟麵筋之效。

我的潘納朵尼硬種是有特殊意義的，這是我的師傅張家豪傳承給我的，在我決定創立巴黎波波之時，張家豪首次將他的鎮店之寶傳授給別人。據說，這個硬種是從義大利飄洋過海而來。潘納朵尼是義大利一款高油脂、雞蛋含量極高的麵包，經常在聖誕節前後應景推出，又稱聖誕麵包。店內的這款潘納朵尼硬種僅用於製作潘納朵尼麵包，得使用義大利麵粉來餵養，風味溫和，酸度像是微微的果酸，非常宜人。

店內的魯邦硬種，則只用來製作魯邦酸麵包——這是二〇一七年 Mondial du Pain 世界麵包大賽，受到法國 MOF（Meilleur

Ouvrier de France）麵包大師與評審們肯定，拿到有機天然酵母麵包特別獎的作品。以一個東方人的身分拿到這款獎，就像是外國人打敗台灣人拿到滷肉飯製作特別獎一樣，意義非凡。

取名酸麵包，是因該款麵包帶有天然酵母發酵產生微微的酸味，是國外很流行的麵包款式。當初參加 Mondial du Pain 世界麵包大賽時，可傷透腦筋。該如何強化天然酵母的風味？如何在各國好手的作品中脫穎而出？比賽之前，我不曾到過歐洲，更遑論這款在歐洲被視為日常的麵包滋味如何才是正統，我是完全沒有概念的。

曾經，我也一度想要複製正統的滋味，可是連標準為何都很模糊，根本無從著手。卡關許久的我，直到一天才轉念想通：既然我代表台灣出國參賽，倒不如就製作一款我自己真心喜歡，且連台灣人也會喜歡的魯邦酸麵包風味。

魯邦硬種不似流質性的魯邦液種，是固態的酵母麵團，通常是以小麥麵粉、裸麥麵粉和水製作而成。裸麥粉，是酸度的來源；小麥麵粉，則給予酵母活力。兩者之間的比例如何拿捏，便是魯邦硬種風格的呈現。成功培養的魯邦硬種最終會以塑膠袋、帆布及童軍繩綁起來，避免酵母持續膨脹發酵。每日還必須取出一部分硬種酵母後，再添入新的小麥麵粉、裸麥麵粉和水，進行續養。

過去，店裡的魯邦酸麵包乏人問津，我也就缺乏對該款麵包風味更全面的認識及調整的豐沛經驗。為了參加比賽，我從自家培養的魯邦硬種踏出第一步，接著研究起這款酵母專屬的風味。有了初步理解，才開始製作魯邦酸麵包。

土法煉鋼，我從添加高比例的魯邦硬種到麵團中開始，不成功，便往下修正比例，六十%、五十%、四十五%……一步步慢慢試出呈現最佳風味的黃金比例。當中也曾參考國外食譜的經驗，但仔細想想，酵母這個具有活性且神奇的自然恩賜，往往會依當地風土及培養者有不小的風味差異。別人的經驗根本沒有參考價值，還是回頭專注做出屬於自己的風味才是。

魯邦酸麵包終究在不斷嘗試錯誤中找到該有的模樣，酸度鮮明，組織完美。可是若問我喜不喜歡吃這款麵包？第一天，我覺得很不錯。到了第二天再吃，似乎又沒有那麼對味，彷彿少了些什麼。於是才思考起是不是增添什麼元素進來，讓魯邦酸麵包更耐吃、更有層次。

核桃與芝麻，是最後拍板加入魯邦酸麵包的食材。老實說我製作的魯邦酸麵包酸度未達強烈，很適合酸麵包的入門者食用。一入口，酸味並沒有立即展現，反而需要透過咀嚼才會慢慢散發出來。換句話說，入口缺乏一點驚喜。而核桃與芝麻剛好補足了風味的不足，讓香氣跑在前頭，魯邦酸麵包的酸則作為中段與尾韻。整體而言，風味更加完整，也有趣多了。

「讓魯邦酸麵包多了商業價值。」這是Mondial du Pain 世界麵包大賽評審對於我這款魯邦酸麵包的評語，也呼應著我製作這款麵包的初心：令我真心喜愛，也讓台

灣人更能接受的魯邦酸麵包。●

↓酵母這個具有活性且神奇的自然恩賜，往往會依當地風土及培養者有不小的風味差異。

別人的經驗根本沒有參考價值，還是回頭專注做出屬於自己的風味才是。

⑬ — 馬告鳳梨酥 —

我一直希望大家看到的不只是陳耀訓做了什麼麵包，而是我用了什麼去做麵包，以及這些食材背後的故事。

這幾年，馬告的名聲漸漸打開，越來越多人知道這項來自台灣部落的原生種植物。然而，在還沒多久前的二〇一二年，馬告幾乎沒沒無聞。

當時我打算投入路易樂斯福盃世界麵包大賽，為了競賽中的國家特色麵包遍尋台灣食材，試圖從中展現台灣獨特的風味。過去，有人將紅茶、芒果，也有人將玫瑰、荔枝運用在麵包裡。說實話，萬事起頭難，我全無頭緒。過往多學習烘焙與經營麵包店，少有走出廚房、前進產地的機會，對在地物產的了解不夠深入，也就無法有信手拈來的創意。

透過對部落經營甚深的我哥，我拿到一些與部落有關的罕見食材，其中之一便是馬告。看起來黑黑圓圓、像是黑胡椒形狀的馬告，對我來說是全然陌生的。我先是整顆生吃，那味道濃烈到無法入喉，但又覺得這味道很獨特，聞起來有淡淡的檸檬與香茅香氣，頗為清新。

就像是陌生人第一次見面，總得花點時間相處才會有良好的互動。初拿到馬告的我開始實驗起來。無論是生馬告或醃漬過的熟馬告，和麵包的結合都不算太理想。碰壁挫折的我決定到部落走一趟，看看馬告的生長環境，也問問當地人怎麼運用這款風味特殊的食材。

就在那次，我碰到在推廣部落食材的工作者馬燕萍。她領著我和我哥，一同到部落裡探訪。花蓮太魯閣族的馬燕萍曾是紅極一時的台北補教名師，在看到原住民族的學生受到家庭環境與經濟限制而沒有太好的未來，使命感十足的她便回到部落，從事部落食材的向外推廣，期待改善部落家庭的生計。

本名山胡椒的馬告，是泰雅族語，有生生不息之義。馬告樹多半生長在有斜度的坡地，主幹細小，葉子修長。一年一產之故，部落的人通常在採收完成後進行醃漬保存，日後則再拿來炒菜、煮雞湯。為了增添馬告的價值，也有人做成馬告咖啡。馬燕萍更利用部落人力，生產馬告鳳梨酥。這是我第一次聽到馬告與鳳梨結合的商品，當時並未放在心上，因為對麵包來說，鳳梨是項棘手的食材，其所含的酵素會破壞掉麵團的蛋白質。

陸陸續續我嘗遍台灣各地的馬告，也發覺到不同產地的馬告風味不盡相同。我還滿喜歡來自新北烏來山區的馬告，它有介於檸檬和香茅之間的風味，咀嚼完之後，殘留在嘴巴的尾韻是清爽的。特別是烘乾之後的馬告，它的辛辣味在前段，沒有那麼強烈，後段的檸檬跟香茅的風味反而更加鮮明。

走過一趟部落後似乎比較能拿捏馬告的風味輕重。我試著將烘乾後的馬告放進麵團中，爐門一開，強烈的檸檬與香茅香氣隨著爐門飄向四周。那時我心想，如果使用得當，比賽時烤箱門一打開，那味道就像是一道光芒萬丈四射，一定能大大吸引評審。該如何去將它調整到好的一個狀態，並且有相關的搭配食材？這就是參賽者的功課。

部落裡的馬告鳳梨酥給了我一點靈感，同步在蒐羅在地果乾的我，想到來自宜蘭、僅在冬天短暫出現的金棗，做成果乾的金棗有著柑橘風味的酸甜，似乎很能呼應馬告的檸檬與香茅香氣。

路易樂斯福盃世界麵包大賽中，我便是以馬告與金棗作為國家特色麵包的主食材。這款歐式麵包是先將馬告烘乾後磨成粉末，放到麵團中一起攪拌，麵團起鍋前，再加入去了籽、泡過金棗酒的金棗乾。風味的搭配算是新奇和諧。但那一次的比賽，並沒有拿到好成績。馬告鳳梨麵包在最後呈現沒有太理想，未考慮到金棗乾滲出的糖液，讓麵包的底部在高溫烤焙過程中有點燒焦。

馬告這項食材有點像是未竟之夢，隨著我的比賽失利，一直停留在我的冰箱庫存。一直到二〇一五年決定參加隔年的 Mondial du Pain 世界麵包大賽台灣代表選拔，第一時間在腦海跳出來的，就是這個來自部落的新奇食材。我想再次挑戰，讓馬告再度躍上檯面。

只屬於台灣風味的台灣原生種，光是這點就值得讓更多人知道。雖然其他國家也有類似的食材，可是味道不盡相同，這在國際競賽上就占有先天的優勢，只差職人後天賦予的風味詮釋。Mondial du Pain 世界麵包大賽台灣代表選拔的籌備時間充裕，我回到風味的源頭，請馬燕萍寄來她的馬告鳳梨酥、喝馬告咖啡、跑到部落喝馬告雞湯等，想先把各種風味的可能性都記在腦海裡，再去想想看有沒有更多連結。

再次嘗到馬告鳳梨酥，細細品味之下，我發現好的融合比例將會讓馬告和鳳梨顯得更速配。這讓我想起路易樂斯福盃世界麵包大賽的作品馬告金棗歐式麵包的確有不足之處。雖然馬告和金棗同在一個麵包裡，但馬告磨成粉末、金棗揉入麵團，會造成風味不均的問題，咬到金棗只能品嘗金棗的風味，而單吃到麵包體，就只有馬告的風味，兩者沒有融合在一起。

後來，我便徹底改變做法。食材更換成馬告與鳳梨的組合，將馬告磨成粉與整顆馬告以糖漿形式熬煮新鮮鳳梨，不斷實驗適合的比例後，將具馬告風味的鳳梨片放在布里歐麵包上，點綴少許的粉紅胡椒。麵包體也很有層次，裡頭包著金桔開心果餡，表面則綴有一顆顆開心果酥菠蘿。

馬告與鳳梨兩者風味像是雙人舞的和諧，獲得不少評審的好評。二〇一六年拿下 Mondial du Pain 世界麵包大賽台灣代表權之後，我甚至加碼又再設計一款馬告鳳梨雞肉捲的三明治，將馬告帶往二〇一七年 Mondial du Pain 世界麵包大賽的國際舞台。

「馬告的味道很性感。」Mondial du Pain 世界麵包大賽上評審這麼形容。原來在外國人眼中的馬告是這樣的，我也藉此向大家介紹這項台灣獨有、風味特殊的食材，以及身為麵包師傅的我如何運用它。

奪得二〇一七年 Mondial du Pain 世界麵包大賽冠軍回台後，我心裡一直有個心願：是不是能替幫助過我的人做些什麼？或者像馬告這樣來自部落的食材，是否能藉由我讓更多人看到？我一直希望大家看到的不只是陳耀訓做了什麼麵包，而是我用了什麼去做麵包，以及這些食材背後的故事。

我先是在巴黎波波銷售起魯邦酸麵包和莓香絮語，讓大家感受到國際肯定的麵包風味。然而，並非所有比賽項目都適合拿來麵包店銷售，馬告鳳梨布里歐便是如此。或者說，我不想只把馬告當食材採購來使用，更貪心地想與部落有更多的互動。

既有的馬告鳳梨酥或許是更棒的形式，較麵包更容易保存、攜帶，也是部落本來就有投入的工作。我何不與他們合作，共同推出聯名品牌？我當然也可自己買馬告來做馬告鳳梨酥，但我並非原創，這麼做也失去讓部落更好的初衷。所以我向馬燕萍提議，由我針對既有的馬告鳳梨酥再做風味與外型的調整，讓原本擁有強烈馬告風味的商品可以更大眾化，再由部落生產，與我聯名銷售。

擔心她的知名度不夠，馬燕萍一開始並沒有答應。只是如果不是共同聯名，在當時的狀況下，大家看到的可能還是陳耀訓的馬告鳳梨酥，然而我會希望麵包技術者跟產地的農民不再只是供需關係，而有更多合作的可能，甚至共有聯名品牌。幾經溝通與說服，與馬燕萍聯名的馬告鳳梨酥就踏上新的上市之途。

新版的馬告鳳梨酥同樣以磨碎的馬告、糖漿熬煮土鳳梨餡，比例的拿捏是避免馬告風味過猶不及的關鍵。接近方形的尺寸比一般長條形來得更小，也是考量風味的平衡。

這款由我設計、馬燕萍團隊負責生產的馬告鳳梨酥上市之後，受到不少的好評。甚至因為這款商品，我和馬燕萍也有機會親赴義大利參展推廣。期間，馬燕萍更帶著馬告鳳梨酥到香港、日本、新加坡等地參展。不少人對於馬告的風味相當著迷，甚至對台灣好奇了起來。

雖然因為種種的原因，馬告鳳梨酥後來停產了，不過我相信，與馬告的這段美好的緣分已隨著大家的努力，四處開花結果。●

233

99 分的完美

Chapter 4

理想的麵包店

① — 我的首場海外麵包講習會 —

若說我能透過講習會帶給年輕後輩一些創作上的啟發，或是解除他們對製作麵包的疑惑，哪怕只是一點點都好，因為我也是這樣一步一步走過來的。

「馬告、熬煮過馬告的鳳梨、紅藜、泡過草莓酒的草莓乾、玫瑰花瓣、魯邦液種、魯邦硬種……」「量尺、計時器、刀具……」深夜，我和巴黎波波的團隊成員，一一核對清單上的食材與器材。謹慎的我們來回確認多次，接著逐一裝箱打包。有的可以直接裝進行李箱，有的則要先置放於冰箱，待明日再放入可保溫的保麗龍箱內。

並不是要出國參加世界麵包大賽，過程卻繁瑣細碎得如出一轍。好幾大箱行李隨著我和巴黎波波的林士傑，一路從高雄來到台北，再到航空公司的登機櫃檯。和前往法國參加世界麵包大賽不同的是，這次人多可分攤行李，沒有因行李超重而被罰錢。

清晨五點多，浩浩蕩蕩的一群人準備前往的目的地，是飛行時間兩小時左右的日本熊本縣。

此行，與二〇一七年 Mondial du Pain 世界麵包大賽相隔不到一年。拿到 Mondial du Pain 世界麵包大賽冠軍之後，我回歸巴黎波波的店務日常，比賽畢竟是比賽，算是我個人麵包生涯的里程碑，不過對一位身兼麵包店經營者與主廚的麵包師傅來說，更重要的是繼續日日穩定地出爐麵包。

這段時間來自各方的邀約不少，然而唯獨這個行程格外吸引我，日本九州第一大麵粉廠「熊本製粉」邀請我到熊本與大阪分別各做一場麵包講習會。

這是我第一次以講師的身分在海外做麵包講習會，也是台灣首位麵包師傅在日本舉辦麵包講習會。還是 Mondial du Pain 世界麵包大賽後，首次公開參賽麵包的製作全程。

過去我就是麵包講習會的支持者，從學徒開始，參加的講習會少說也有數十場之多。講習會是透過名師親自教學示範，分享各種食材的特色與應用，麵包製作的技術、訣竅與趨勢。授課講師必定得對學員有號召力，甚至有所謂的江湖地位。過往台灣舉辦的麵包講習會講師多半來自歐美、日本，更精準地說，又以亞洲烘焙龍頭日本居多。從台下學習的學員，變成台上授課的講師，這個莫大的轉變對我別具意義，更別說講習會是辦在烘焙技術輸出大國日本。

飛機落地後的首站並非熊本市，而是九州最南端的鹿兒島。搭乘新幹線來到火山剛噴發不久的當地，我們要拜訪麵包店「TAK BAGERI-CAFE」。

在自家網站，他們是這麼介紹自己的：「鹿兒島市武岡地區住宅巷弄內的麵包店。」特別前往這家不在市中心、而位於住宅區裡的麵包店，和店主上原力有關。他是我在日本東京 Monsieur Ivan 立川店實習半年時間的店長。期間，即便我日文程度低劣，上原力總是不厭其煩地和我分享麵包製作和食材細節的種種，我們也因而建立起深厚的友誼。

以規模而言，TAK BAGERI-CAFE 並不大，屬於社區型的麵包店。明亮潔白的空間，除了販售區還設有座位區，顧客可以坐下來喝杯咖啡吃麵包，氛圍很溫馨。上原力一如以往話並不多，也把精力全部投注在麵包製作，本格派的歐式麵包、調理類的日式麵包、吐司等，也因應節慶推出限定款式，像是潘納朵尼聖誕麵包、史多倫、國王派等，麵包種類頗為齊全，得以看出他扎實又全面的功力。

這次我特別情商上原力來講習會協助，他情義相挺，店休兩日，隨著我們一同北上前往熊本。

熊本製粉麵包講習會的前置準備長達一天。陌生的環境與器材，得逐一了解操作；麵團得事先進行發酵，隔天才有麵團可以示範；還有前來參加學員的麵包午餐，我們也得一併準備。就這樣，一群人在熊本製粉的教室各司其職，這場景倒和準備參加比賽有幾分相似。

講習會當日現場座無虛席，主題也相當明確，就是我在 Mondial du Pain 世界麵包大賽使出渾身解數製作的麵包：傳統法國長棍麵包、魯邦酸麵包、健康營養麵包、可頌、榛果巧克力、國家特色麵包、皇后吐司、馬告鳳梨丹麥等。面對第一次海外的講習會，台下又全都是日本的烘焙業者，有點興奮、也有點緊張。比起參賽時只要專注製作麵包，這次的講習會還得替現場人員說明做法及細節，挑戰又不同。

七十二小時長時間發酵而來的法國長棍麵包、魯邦種的培養及風味取捨……講習會上除了逐一示範麵包製作，我也分享每款風味在設定之初的構想。甚至還用白板畫圖，清楚交代可頌麵皮的分切數字。

不光是技術示範，我也替台灣做了場食材的國民外交。台灣才有的馬告，有什麼風味？又和日本看起來相似的山椒有什麼不同？馬告和土鳳梨如何搭配？少見含水量仍有七十%的草莓乾是台灣超強果乾技術下的產物，泡過台灣產的草莓酒後，再拿來與麵團結合。這些屬於台灣特色的食材，引起學員諸多好奇與疑問。

更酷的國民外交，則是我和熊本熊（クマモン）的見面會。被稱為「部長」的熊本熊人氣高昂，在熊本市鶴屋百貨的熊本熊廣場還有他專屬的辦公室。他所到之處總是粉絲滿滿、氣氛熱絡。為了和熊本熊的會見，我特定設計一款以九州產小麥麵粉製作、熊本熊造型的麵包，及具有台灣舞獅意象、在 Mondial du Pain 世界麵包大賽中的莓香絮語要送給他。果然，台上台下掌聲和尖叫聲不絕於耳，手機、相機快門聲更從未停過。

此次熊本行，還有一件意義重大的事情。我和熊本製粉將簽署合約，正式推出聯名麵粉——熊本櫻花法國粉。巴黎波波時期，我便接觸到這款味道很乾淨、吸水性強、烤焙彈性好的麵粉，也持續是我店內製作歐式麵包時的主力食材。熊本製粉不光是生產麵粉而已，他們持續關照消費者的需求，追求穀物的可能性，也推出石臼麵粉、蕎麥麵粉、米粉等多樣化的商品。對於熊本櫻花法國粉的喜愛，也認同熊本製粉的經營理念，是成功促成這次聯名的重要關鍵。

在我麵包從業生涯中，這次聯名也是一個里程碑。「二〇一七年 Mondial du Pain 世界麵包大賽冠軍陳耀訓使用」這段文字被譯為日文、印在熊本櫻花法國粉的牛皮色外包裝上頭，將在日本、台灣及亞洲各地販售。一位在廚房埋首製作麵包的麵包師傅能跨越國界、走出台灣，是我始料未及的。還有更深層的意義存在，我在日本跟隨實習時的麵包大師小倉孝樹也有與熊本製粉聯名推出的麵粉款式。能達到我師傅等級的成就，也算是替他增光，無愧於他親身教導。

常常是對於麵包的熱情與執著，串起了深遠的緣分。熊本麵包講習會結束了，前來協助的上原力回到鹿兒島，我轉往另一場位於大阪的麵包講習會，小倉孝樹來了。不是來觀摩，也非應援，我的老師是要來當助手、協助這場講習會的。多麼不可思議，也得以見證我們師徒之間深厚的情誼。

二十多年的職業生涯，跌跌撞撞來到這個階段，若說我能透過講習會帶給年輕後輩一些創作上的啟發，或是解除他們對製作麵包的疑惑，哪怕只是一點點都好，因為我也是這樣一步一步走過來的。●

Bears

製パン講
AICOH

SQUARE
くまもと
サプライズ

②　—丹麥麵包來自丹麥？—

「只要是好吃的麵包，我們都會製作。」這樣兼容並蓄的想法，和我現階段不分國界、只做好吃的麵包不謀而合，更可看出丹麥的多元與隨和。

參加 Mondial du Pain 世界麵包大賽是個契機，不僅讓我走出廚房尋找食材，更讓我與世界進一步接軌。競技的舞台有來自全球各地的國家，各自的麵包技術與文化皆不盡相同，真實感受到酵母與麵粉的千變萬化。得到 Mondial du Pain 世界麵包大賽冠軍之後，我有更多機會造訪不同國家與城市，無論是探訪食材還是麵包技術交流，都不斷拓展我的視野，呼應著陳耀訓・麵包埠想傳遞的訊息——跟著麵包去旅行。

先是我跟著麵包去旅行，才有機會帶領著店裡的顧客，一起藉由麵包來感受世界。二〇一九年陳耀訓・麵包埠開幕，店內開始使用來自北歐丹麥的奶油 LURPAK。這是我試過諸多奶油後，想在大量使用奶油的可頌麵包中呈現的風格：細緻淡雅、尾韻悠長——吃完一個可頌後，還想、還能再吃一個。向來聽聞北歐丹麥的酪農業以純淨聞名，實際從 LURPAK 奶油似乎可感受些許，不過他們的牧場如何運行？當地又有什麼麵包文化？我對這個遙遠的斯堪地那維亞國度仍是有點陌生。

沒想到不久之後，我便接獲赴丹麥參訪的機會。二話不說，翻開行事曆安排起來。畢竟能回到食材的生產源頭，了解不對外公開的製程，多麼讓人興奮。

行前我最大的疑問便是：丹麥麵包真的來自丹麥？為什麼 LURPAK 奶油的風味這麼淡雅獨特？

當飛機降落在丹麥第二大城阿爾路斯（Aarhus），這個人口僅約三十萬的港口城市有著北歐鮮明的氛圍，極簡、潔淨、磚屋滿布。或許是緯度高的緣故，天空格外清透。此行最重要的目的是參訪 LURPAK 奶油的總公司 Arla Foods 及旗下的酪農戶，還有對丹麥麵包文化的交流。同行者還有幾位優秀同業，我的師傅——慶祝烘焙的創辦人張家豪、台中名店「麵包林里」的創辦人陳泓維、人氣甜點名店「法朋烘焙甜點坊」創辦人李依錫等人。從烘焙師的角度彼此交流，我們或許會有更多的討論與發現。

從資料可知，「Arla Foods」是全球第四大乳製品公司，也是世界最大有機乳品生產商，成績斐然。但直到走進 Arla Foods 總部才感受到這偌大跨國企業的大器與文化。節能的建築設計以通透的玻璃為主要材料，無隔間開放式的辦公空間，不少員工就站在可調升桌面高度的辦公桌工作，裡頭更有不少具居家起居氛圍的閱讀、會議空間，絲毫感受不到如同亞洲企業緊繃、高速運轉的工作節奏，取而代之的是舒適宜人的各司其職。

更讓人佩服的是在企業總部之外，Arla Foods 還有一處獨立研發中心，占地三千多坪，同樣以最低能源消耗作為建築設計。這裡僅有一百二十多位員工，甚至有乳品加工的中小型生產線作為測試使用。有機乳業、新型態乳業、兒童飲食、素食、永續減碳等趨勢議題與研發皆在此處。如此大規模投入創新，是在一定企業規格下具有的遠見。

Arla Foods 其實是由酪農戶所組成的公司，從類似中小型合作社的概念一路發展為國際企業。也就是說，Arla Foods 旗下近一萬戶、遍及歐洲七國的酪農就是公司的老闆。和層層議價的經銷模式不同，Arla Foods 的營收會回到這些養牛的酪農身上，而他們也參與公司的策略與發展。

拜訪當地酪農又是一場視野大開的見學。「我很開心成為 Arla Foods 的老闆之一，這意味著我有機會藉此發展我的農場。」經營有機酪農二十餘年、已是第三代的農場老闆這麼告訴我們。不似單打獨鬥的小農模式，Arla Foods 的酪農戶更有資源投入生產管理，成為科技酪農。

原以為擁有兩百多頭乳牛、兩百頭小牛的牧場會有諸多員工，實際上農場負責人與員工只有兩三位而已。酪農戶告訴我們，因為 Arla Foods 發展出的農場管理機制，乳源與牛隻皆可溯源。在農場，每隻乳牛耳朵上皆有專屬名牌，各自有自身的紀錄。令我嘖嘖稱奇的是他們對待每隻乳牛並非一視同仁，而會根據每隻牛的需求，調整飼料餵養的數量且詳實記錄。飼料來自農場自身產製，在四至十一月期間，更能看到牛隻在翠綠草地上覓食的畫面。

「健康的牛，才是快樂的牛，也才能夠產出高品質的牛奶。」針對動物福祉，Arla Foods 也有一套評量機制，讓乳牛可以躺在草地上或水床上休息，每季則針對牛隻的身體狀況、移動能力、是否受傷及乾淨度等四大面向做評估。

另一方面，產出的牛乳也做十足把關。每天確保乳牛狀況後才進行擠乳，牛乳出場前集乳運輸司機會先從溫度、外觀與氣味做初步確認。到了乳品加工廠，得先做測試檢驗才能進到生產流程，包裝完成後乳品會再做一次測試方能送出。正是因為從牛隻源頭就有的紀錄和各個關卡的檢驗，Arla Foods 的牛乳在品質與安全上獲得多數消費者口碑。

從農場端再到乳製品生產線，我也特地參觀 LURPAK 奶油的生產。從產地到生產，他們對品質與安全的把關一以貫之。沒有額外的添加，就單純以鮮奶油（乳脂肪）與乳酸菌來製作發酵奶油。除了各項數據檢測，我們還來到像是實驗室的空間，裡頭的員工把包裝好的奶油藉由鋼線刀切開，對著奶油剖面東瞧西看，藉此評鑑奶油品質。若是剖面光滑，代表裡頭沒有空氣殘存，是好品質的代表。同時他們也會拿起湯匙挖上些許奶油，親口試試奶油的滑順與口感。

對品質的把關的確就是得一層又一層。以陳耀訓・麵包埠為例，製作麵包實際上有諸多確認環節。製作時，我總是一邊環顧攪拌與烤箱的工作夥伴，若有異常便可即刻救援。烤箱出爐後，團隊夥伴也會將不符合標準的麵包挑出集中，像是烤得過焦的、外型不佳的，待工作結束後進行檢討。最後，門市外場夥伴將出爐的麵包包裝上架，總是埋頭工作的內場師傅會抽空到架上去看看商品，了解自己做出的商品最後呈現的模樣，做最後一道把關。

從快樂的牛產出的牛奶製作而成的LURPAK奶油，也不負酪農方方面面的看顧及生產端的嚴謹，二〇二〇年及二〇二二年連續在世界起司大賽中，經過香氣、結構、質地、鹹感、色澤、完成度及包裝設計等七方面的評分，在百餘款奶油之中，以接近滿分的高分在鹽味奶油與無鹽奶油項目奪下雙料世界冠軍。

至於LURPAK奶油淡雅細緻、悠長和緩的風味從何而來？造訪酪農與奶油生產工廠後，我認為純淨土地的飼養環境與飼料肯定是一大因素。然而在丹麥當地麵包店與麵包師傅交流之後，似乎還得再加上「丹麥風格」的影響。

「真的是一方土養一方人。」當我和張家豪等人打開丹麥麵包店的酸種酵母玻璃瓶湊近一聞，舒服宜人的酸味並不強烈，迴異於德國酸味強烈、法國尾韻突出的酸種酵母。同樣利用裸麥和水製成的酵母，只因為當地水質、氣候、環境等在地差異，而成為具有「丹麥風格」的酸種酵母。即便知道風土會帶差異，再次得到印證，我們還是感到大自然萬物的神奇。

麵包店的師傅與我們分享德式裸麥堅果酸麵包、肉桂捲及酸麵包的製作過程。其中德式裸麥堅果酸麵包出乎我的意料，搭配著占比很高的堅果，呈現出層次豐富的味道。我們和那位師傅就討論起來，法國有法國長棍麵包、德國有裸麥麵包、義大利有佛卡夏與巧巴達，究竟丹麥代表性的麵包是什麼呢？是不是就是丹麥麵包？

他想了好一會才說，他沒有想過這個問題，也就沒特別追溯到底丹麥麵包是不是丹麥所原創。不過他倒是承認，丹麥麵包是他從小吃到大的食物；和佐餐的酸麵包不同，可鹹可甜的丹麥麵包在當地較像是正餐和正餐之間的小點心。

由丹麥純淨乳源製作的奶油成為丹麥麵包的主力食材，自然在丹麥麵包風味的表現趨向優雅而純淨。與不同食材搭配在一起，誰也不搶戲。

若無法證實丹麥麵包源自丹麥，他們可有代表性的麵包？答案也是否定的。麵包師傅告訴我們，丹麥的麵包店如同聯合國般融合，大家對於各式各樣的麵包接受度頗高，「只要是好吃的麵包，我們都會製作。」這樣兼容並蓄的想法，和我現階段不分國界、只做好吃的麵包不謀而合，更可看出丹麥的多元與隨和。

一趟北歐之行，看到酪農企業在牛隻管理與福利的多所著墨，這是單打獨鬥的小農很難達成的規模。離開前，Arla Foods的人還告訴我，因應地球暖化的危機，他們在永續的畜牧、包裝、降低食物浪費、碳中和等面向積極投入，在二〇三〇年將達到廠房減少六十三%的碳排放，二〇五〇年將達到碳中和。這是我過往身為一家麵包店經營者鮮少關注的議題。

從產地到餐桌，多元和純淨的丹麥印象也讓我的「跟著麵包去旅行」多了另一種視角。也許哪天在陳耀訓・麵包埠，我也會用麵包帶著大家去感受所謂的丹麥印象。●

Yoshi!

Arla

ARLA
PRO.

↓同様利用裸麥和水製成的酵母，只因為當地水質、氣候、環境等在地差異，而成為具有「丹麥風格」的酸種酵母。●

③ —書架上的烘焙書—

即便我看不懂日文，但詳細的分解示範圖還是讓我一窺法國麵包的技術堂奧，算是開啟我麵包世界的另一扇大門。

我家的書房裡有一整面書牆，上頭滿滿的多達四、五百本烘焙書籍，是我烘焙生涯的軌跡。

《法國麵包・世界的麵包，正統派製作麵包技術》（フランスパン・世界のパン本格製パン技術）是我購入的第一本全日文麵包烘焙書。二〇〇一年出版，二〇〇三年已來到第四版印刷。售價一千七百元，在那個個人月均所得僅三萬三千多元的年代，這本書是奢侈的消費。

當時，退伍沒多久的我正在傳統台式麵包系統下工作，對於台式麵包的製作還算熟稔，偶然知道台式麵包以外還存在著歐式麵包，也就點燃心中的好奇。紀伊國屋書店是我探索和汲取歐式麵包知識的地方。在那個年代，不光是要在市面上找到販售歐式麵包的麵包店很困難，就連專業的烘焙書也相當缺乏，唯一有的多半是當時亞洲烘焙龍頭日本出版的烘焙書。

從法國麵包的歷史、麵粉、酵母、器具，再到法國麵包、世界上麵包製作的正統做法，《法國麵包・世界的麵包，正統派製作麵包技術》一書娓娓道來，鉅細靡遺。即便我看不懂日文，但詳細的分解示範圖還是讓我一窺法國麵包技術的堂奧，算是開啟我麵包世界的另一扇大門。只是光看仍不得其門而入，對於難度極高的法國麵包，沒有親手反覆練習實作是無法就此做出來的。

隨著我對於烘焙的興趣越來越高，我買的烘焙書也就多了起來。絕大多數是日文原文或是中譯本。若是仔細查看我的書架，便可發現有些書我竟然重複買了兩本。原來有些具可讀性、具參考價值的書先出日文版本，在不確定是否會有中譯本的情況下，我便先行購入。中譯本出版後，理所當然得再添購一本可以看得懂的。《邁向 Bon Pain 好麵包之道》、《挑戰麵包的無限可能》皆是如此。

當中也有幾本書籍給了我不少創作靈感。具統整菜餚、麵包和甜點功力的麵包主廚西川功晃出版的《麵包烘焙教科書》，總是有讓人意想不到的搭配，像是他在書中示範的春菊麵包、青花菜麵包等。《挑戰麵包的無限可能》由世界盃麵包大賽日本隊領隊成瀨正所寫的，是我在參賽期間經常翻閱的烘焙書。《麵包科學》、《麵包製作的科學》、《用科學的方式瞭解麵包的「為什麼」？》等書，則提供我在麵包實務上的印證，受用不少。像是過去我知道麵團裡的糖加越多上色越快，卻不甚了解其因，後來便是由這本書得知，這是梅納反應造成的。

烘焙技術、手法不斷進步，現今回頭看某些書籍也顯得不合時宜。像是早期日文烘焙書裡製作的法國長棍麵包會添加維他命C粉末，以增加麵包表面的酥脆。現在卻不這麼做。然而這些書籍在我的某些生命階段意義非凡，所以我也未曾萌生丟棄的念頭。隨著我屢次搬家，這數百本的厚重書籍也就反覆裝箱、拆箱、上架。

如今，市面上麵包製作的新書少了。應該說專門為烘焙專業人士出版的書少了，多半是家庭烘焙手作的書籍。有時想想，能活在眾多麵包大師願意出書分享專業烘焙知識與技巧的年代，是多麼幸運的一件事。●

④ —職人的一天—

好好地休息，好好地投入自己的興趣和生活，也才會有源源不絕的動力，繼續每天做好吃的麵包。

身為一位麵包師傅，我的一天有幾種不同的開場。

清晨五點，身著車衣、車褲，從家中出發騎著自行車至故宮博物院前和友人會合。大夥從外雙溪沿著山路連續的爬升，是極大的體能與耐力考驗，還好有同行朋友相互打氣。我們的終點是陽明山的風櫃嘴。

四十歲時看到國外一位自行車手的訪問，讓我從此愛上清晨的自行車騎乘。他說，騎自行車是一個不進則退的運動，和走路不進只是原地停頓不同，特別是在上坡路段，若自行車沒有持續前進就會摔倒、後退。

這個說法和我一直以來的職業信念相似。在麵包烘焙的領域，我也認為必須不斷地進步，哪怕是一點點都好，否則就會「不進則退」。於是我開始嘗試騎乘自行車，也感受到沉浸其中的樂趣。除了體能與意志的磨練外，這是我一天當中可以撇開烘焙、只專注在運動的時間。常常登上風櫃嘴的那一刻，整個人的思緒都清晰了起來。

無論有無外出騎乘自行車，在陳耀訓．麵包埠沒有製作紅土蛋黃酥的期間，我幾乎都會在家與兩個女兒一起吃早餐。店內製作的麵包，理所當然是我們共通的語言。大女兒喜歡吃蘋果丹麥，小女兒則愛可頌。偶爾她們也會指定要吃吐司，不過一定得要配上果醬才行。我通常會將適合加熱的麵包，放進烤箱稍微回烤，讓她們的早餐暖呼呼的。這時候我通常還會詢問她們，明天想吃什麼麵包？由嘗遍店內幾乎所有麵包品項的女兒親自指定。送大女兒上學後，我也就進入工作模式。

一年當中，有些日子我們沒辦法享受如此的早餐時光。紅土蛋黃酥的製作期間，店務繁忙、工時較長，往往我在女兒還沒睡醒的六點半就已經出門。一杯熱咖啡，將我帶到工作狀態，開始一天的忙碌。

無論冷暖晴雨護送女兒上學的日子，當我進到陳耀訓・麵包埠時，團隊已經開始各司其職的工作。七點，是團隊一日工作的起始，攪拌麵團、成型、烤焙……四十多款的麵包得趕在十二點開門前陸續上架。有人常會詢問，為什麼不早一點開門營業？只販售當天新鮮出爐的麵包是我們的堅持，所以若要提前開門，團隊的上班時間勢必得再提前。我在日本實習的那半年，正因為麵包店在早晨七、八點就營業，所有的麵包師傅凌晨兩點就得摸黑上班。這樣的可行性，在台灣是較難有的。

中午以前，是我和團隊最緊繃的時刻，我往往會說這是我們的戰鬥時間。無論四季，大家都穿著短袖加上工作圍裙。這是因為烤箱的高溫，冬天室內頗為溫暖。店內播放著背景音樂，大家多半沒有交談，甚至連說一句話也沒有。這樣的各司其職，像是星球自轉般運行，是團隊培養起的絕佳默契。有人負責麵團的攪拌，有人則在成型工作區域，一部分的人專門看顧烤箱、負責麵包出爐。通常我會在麵團成型的工作區域，這裡同時銜接攪拌與烤箱，是我能綜觀大局的最佳位置。

會這麼緊繃的原因，不外乎我們得與時間賽跑。除了得趕在開門迎客前，將品質優良的新鮮麵包出爐，還有麵團發酵不受控、不等人，得依據每日不同的條件而做調整。

「我們要開門了。」十二點到，外場同仁會再提醒投入工作的我們。有時候一忙起來，大家根本忘了時間。客人陸續進店採購麵包，此時烤箱仍不斷有麵包出爐。大約得到一點多、兩點，當日的麵包製作才會告一個段落。中午，團隊輪流休息用餐。我的午餐多半就是店裡的麵包。雖然我喜歡吃麵包，不過午餐的麵包比較像是品質把關。沒有選擇的權利，四十幾款的麵包我每天輪著吃一兩款，看看風味是否達到心中預期的標準。

午休過後，內場的團隊再度回到廚房工作。和上午不同，這個時候進行的是隔日麵包的準備工作及清潔。工作收尾，內場的團隊會再聚集起來，回顧討論當日的工作。早上麵包出爐後，資深的同仁或我會看一下麵包的模樣，若有未達標準的，像是形狀不佳、成色不對……等，都會先被挑起集中在一個托盤。後續便針對它們進行討論。

這樣的工作項目是我們每日必備的，也是我期許團隊能在一次次的不夠完美中不斷進化。我能容許在流程中犯錯，就像我的師傅當年一樣，但是否能從錯誤中得到學習與改善，是我更在意的。通常我並不會介入太多討論，而是拋出問題，由團隊的同仁再去思考該如何解決這個問題。因為有酵母的存在，麵包製作是門高深的藝術，很多時候並不是一成不變。透過他們自己花心思思考，才能累積解決問題的能力。

下午和傍晚，是我的充電與研發時刻。我會利用這個空檔翻閱國外的麵包食譜、圖鑑，或是看看新的食材。大量閱讀是累積創作能量的方式之一，很難說一定會派上用場，但有時候動腦時就會閃現靈光。早些年我是食譜的信仰者，蒐集各方食譜，但經過兩個大賽的洗禮，現在我並不參考食譜，而是自己創造屬於自己的配方。研發的工作也就相對費力，不一定都能在這個時候完成。若有火燒屁股的時候，我便會帶著任務回家，再趁著夜深繼續絞盡腦汁。

無論是否為製作紅土蛋黃酥忙碌的時期，內場的團隊成員約都在四、五點可以下班，這是陳耀訓・麵包埠持續進化的成果。剛開店及販售紅土蛋黃酥的頭兩年，團隊經常加班，也讓氣氛非常緊繃。由於我就是團隊的一員，也參與製作過程，便發現到同仁累到像是機器人，經常持續做著動作卻面無表情，如喪屍般沒有靈魂。這並不是件好事，於是我調整流程、增加器材，漸漸讓工時可以回歸日常，大家也都有充分且完整的休息時間。好好地休息，好好地投入自己的興趣和生活，也才會有源源不絕的動力，繼續每天做好吃的麵包。●

yoshi.
SPECIALIZED

↓我能容許在流程中犯錯，就像我的師傅當年一樣，但是否能從錯誤中得到學習與改善，是我更在意的。●

⑤ ─ 我的太太李新惠 ─

趣味，只是我們討論的其中一個小面向，多半我和新惠是在各種刀光劍影之間，碰撞出產品的火花。

我的太太李新惠，是麵包師傅，是甜點師傅，也跨足門市管理。三種身分，是和我相處一路走來的軌跡。

和新惠初次見面時，我們兩人都同為麵包師傅，在同一場麵包講習會中擔綱助手。那時我們並未正式認識，僅此一面之緣，彼此知道對方。再次碰面，還是麵包牽的線。在高雄開了巴黎波波的我，仍不斷找機會進修。二〇一二年遠赴日本九州南阿蘇麵包店めるころ（Merukoro）實習一週，同行者中除了我的師傅張家豪，時任La Terre大地烘焙主廚的新惠也在其中。

工時長需要體力的烘焙業向來少有女性，更別說還擔任主廚，而且還是位年僅二十出頭的人。朝夕相處下，也漸漸認識這位難得的新銳麵包主廚。原來就讀台北市私立開平餐飲學校的新惠，在學生時期就代表學校四處參賽征戰，贏得不少獎盃。畢業後還未滿二十歲便投入食材商及烘焙產業，累積不少專業技能。

從日本回台後，以高雄為據點的我與住台北的新惠，本應沒有太大交集。卻因為一只手機，我和她有了連結。因為把手機忘在日本，我順理成章地拿到被公司交代處理這項事務的新惠的手機號碼。幾通電話聯繫後，交友圈挺封閉的我，開始和她討論麵包製作的疑難雜症。隨後適逢我想投入路易樂斯福盃世界麵包大賽，曾經四處征戰烘焙比賽的新惠，自然而然也就成為我諮詢的對象，再次順理成章。

一通通電話的討論，我和新惠沉浸在麵包製作的世界，對彼此的好感也就與日俱增。過去我交往過的對象往往都不太能理解麵包師傅細瑣繁重的工作，「為什麼工時這麼長？為什麼工作期間，連講一通電話的時間都沒有？為什麼下班有時還得回去麵包店關注酵母？」相較之下，同為麵包師的新惠不但完全能理解，我和她還有更多關於麵包製作技術、食材的討論與探索。擁有共同的話題和興趣，讓我們成為男女朋友，開始交往。

分隔南北兩地的我們偶爾約會，大多時候則透過電話分享彼此在麵包工作上的點點滴滴。約會時，多半是新惠從台北到高雄。那時她所屬的公司並不希望年紀尚輕、需要專注一家麵包店的她投入感情關係，所以我們默默交往、沒有公開。為了避免被她公司發現，我們約會的地點也就多在高雄。

和我自年輕離家、與家人互動不親密有別，新惠和家人關係密切，她幾乎大小事都會和她父親分享。來高雄的次數多了，她也多次向家人提到我這號人物，自然引起關注。紙終究包不住火，我們交往的事，她的家人還是知道了。「我一開始不敢說我們差九歲，只說差三歲，再慢慢往上加到九歲。」當時二十一歲的新惠很擔心，交往對象年紀三十歲會嚇到家人。

果然新惠的父親和奶奶超級反對。「妳

不要在外面亂認識朋友，這樣妳會被騙。」她奶奶既生氣又擔心。她父親甚至約她吃飯，說之以理：「妳知道男生壽命長，還是女生壽命長？」當下，新惠潸然淚下。

未曾謀面、遠在高雄、年紀又差九歲的交往對象，家人擔心在所難免。於是我提議：「不如我到妳家讓妳家人看看？」沒多久，我就坐在新惠家裡開設的火鍋店。她的父親替我點菜、送餐，打過招呼的我坐得直挺挺的，把火鍋裡的食材一掃而空。新惠的媽媽就在隔壁的自營超市，奶奶則在樓下。直到後來我才知道，原來他們都緊盯著監視器，看著我的一舉一動。見面三分情，也讓他們腦中所有的「懷疑」拉回現實，向來頗有長輩緣的我終於讓她的家人稍稍放心。

「我以後要跟你換成錢，有夠多的。」新惠拿一疊厚厚的高鐵票給我看。週五下班她就直奔高鐵車站，直到週日才又北返。對她而言，在上班下班之餘，還多了轉換環境的新鮮感。頻繁的次數讓她父親甚至想跟著她來高雄。有一次，正值路易樂斯福盃世界麵包大賽最後練習流程階段，得徹夜練習八小時，需要有人幫忙記錄每項麵包的製作時間，新惠當然是不二人選。不過，這次她的父親終於不放心地跟來了。就這樣，我進行比賽練習，而她與她父親就在一旁看著。

雖然二〇一四年路易樂斯福世界盃麵包大賽參賽失利，然而一路陪伴著我練習、給予建議的新惠，更像是和我一同完成這件事的夥伴。有了這個基礎，讓我思考起兩人的未來。新惠父親不捨她南北奔波，親自詢問我，是否認真看待這段關係？也建議兩人或可考慮走入婚姻，讓一加一大於二。對我而言，能找到一個彼此作息相近、又有共同興趣的對象實屬難得。雖然我和新惠的個性截然不同，我安靜不善言詞，而她活潑外向，兩人偶有意見不合，但在生活和工作上，我們有著共同的話題與目標。

只是我並不知道對只有二十出頭的她來說，結婚會不會是優先選項，她會不會有其他更想做的事情？於是我不敢貿然求婚，先是詢問她兩人結婚的可能性。沒想到新惠並沒有反對，「我原本就想認識一個讓我麵包生涯學習不間斷的另一半。」加上從認識我以來，我的種種體貼與勇於承擔，獲得了她的認可。

新惠說，還沒正式交往前，我們一起在日本實習時，我就已經引起她的注意。當時我們每天都忙於廚房的工作，體力幾乎耗盡。期間，新惠正好碰到生理期，經常身體不適。新惠一邊工作，時不時拿起工作區域的熱水，直到工作結束才發覺，「這個杯子很猛耶，一直都有熱的水。」也才知道，是我一邊工作，一邊注意著杯裡的熱水是否足夠，少了就往裡頭添。

其他像是對於交往初期家人的反對，我提出建設性的做法；參加比賽投入的精力與決心等，都是讓新惠認定我這個人的點點滴滴。

二〇一四年我們雙方父母見面，算是對我們兩人要結婚有了默契。接著，我父親接連提了三次結婚的日期給新惠的家人。沒想到都被新惠的父親退了回來，原來她父親對於要把年紀這麼小的女兒嫁出去，忽然有點後悔不捨。最終還是她父親自己想開，「不想因為這件事跟女兒的關係變得不好。」二〇一四年底，我和新惠訂下婚約。二〇一五年一月，我們正式結婚。

婚後，新惠不用再南北奔波，和我定居在高雄。然而直接得面對的，便是工作上的調配與安排。俗話說，一個廚房容不下兩個女人。實際上，一個廚房也同樣容不下兩個麵包主廚。我和新惠的興趣雖然同為麵包，但麵包風味和領導風格完全不同，根本不可能在同一個廚房一起工作。我們討論起這件事及未來的規劃，新惠提議，她轉往甜點領域發展。等到未來時機成熟，雙方也都累積足夠的經驗，再將麵包和甜點結合在一家店。曾經，我們在日本看到一家這樣的烘焙店，夫妻共同經營，賣麵包也賣甜點，那似乎是我們心中理想的模樣。

新惠剛開始還有點掙扎：「我麵包學這麼久，半路再去學甜點有一點不甘心。但我們已經結婚，彼此應該互相幫忙。總不能要年紀這麼大的你去做甜點吧，當然是年紀小的我轉換跑道比較容易。」於是，新惠在高雄一家甜點店擔任主廚。我們一同討論烘焙的大小事、經營店面各自遇到的挑戰。新惠更協助我參加二〇一六年 Mondial du Pain 世界麵包大賽台灣代表選拔及二〇一七年 Mondial du Pain 世界麵包大賽。

二〇一八年又是一個轉折。巴黎波波和新惠任職的甜點店都劃下句點，我們也決定回到新惠成長的城市台北，作為創業的下一步。陳耀訓．麵包埠的成立，我和新惠也從高雄的各自工作崗位，共同經營起一家社區型的麵包店。我仍做好本就擅長的麵包師傅的工作，而靈活的新惠又再次蛻變，什麼都不排斥的她，為了我們共同經營的品牌，再次學起門市的營運管理。同時也身兼陳耀訓．麵包埠甜點的開發，及我幕後的軍師顧問。

說實話，因為觀看視角不同，在研發過程我們兩人對於麵包的看法也不盡相同。她往往從客人端及商品的價值性考量，而我會就製作的難易程度、價格等有所考量。經常我們會有激烈的爭辯和討論，這幾年最常聽到的便是：「這吃起來很無聊，可不可以再有趣一點？」起初我會覺得商品好吃就好，為什麼還要有趣？

找到彼此平衡之處是重要的，漸漸地我開始思考「讓麵包變有趣」這件事。像是草莓三明治，我一改只拿白吐司夾上鮮奶油與草莓的做法，特意在吐司麵團製作中加入紅色的火龍果汁，烤出的吐司有著討喜的淡粉紅色，再拿這粉紅吐司來製作草莓三明治，呼應著草莓帶有可愛、浪漫的氛圍。效果意外地好，也明白所謂的「有趣」可以讓商品更討人喜愛，何樂而不為？

趣味，只是我們討論的其中一個小面向，多半我和新惠是在各種刀光劍影之間，碰撞出產品的火花。我很慶幸即便有時我們意見不同，但都很清楚彼此的出發點都是為了共同的理想。我更珍惜，這份因麵包而有的緣分。很難想像，小我九歲

的新惠不但是我太太，也是我麵包生涯裡不可或缺的導師。●

Yoshi!

↓經常我們會有激烈的爭辯和討論，這幾年最常聽到的便是，「這吃起來很無聊，可不可以再有趣一點？」一起初我會覺得商品好吃就好，為什麼還要有趣？●

⑥ —和父親和解—

一路走來，父親的關愛源源不絕，無論是說出口的還是未說出口的。這是我人生當中最穩當的靠山，也讓我更珍惜烘焙之路，不斷地向前衝刺、提升自己。

「資助你開店創業的這筆錢，就當成是學費。哥哥、姐姐都讀到大學，你高中就休學，所以不要有太大壓力，不需要盤算什麼時候要還給我。」「現實面不好，就再努力看看，盡力就好。」

這是我二〇一一年剛在高雄創立巴黎波波，我父親母親來過店裡之後，請我姐轉告給我的話。巴黎波波能夠正式營運，是我向父親借了兩百五十萬元。開店之初，生意慘澹，且店內僅有我一人忙進忙出。我父母親來過店裡之後，更是親眼見證。或許擔心我過勞和被資金的壓力追著跑，父親並不要我償還這筆費用。

簡短卻有力的訊息，充滿濃厚的情意，這是不善言辭的我和父親之間的交流。父親一直以來都是這樣對我關愛有加，只不過還是學生時，年少叛逆的我，只想向外飛翔，不斷地和他衝撞。父親嚴厲地指責、強力地約束，我根本不放在眼裡，一心想著無拘無束地玩樂，完全沒意識到這也是一種愛之深、責之切。

高中輟學，我和父親的關係來到冰點。後來他把我送到朋友的烘焙工廠當學徒，自此我也展開了離家的人生。踏上烘焙之路的我，雖然一路做到台式烘焙坊的主廚，直到我要歸零重新學習歐式麵包時，才感受到父親對我些許的認同。

當時我從主廚的職位，重新再當起歐式麵包的學徒，受到最大影響的便是收入。月收入從四萬多元銳減為一萬八千元，能夠補貼家裡的費用自然也就捉襟見肘。我和父親商量起這件事。除了體諒之外，他也從中感受到我對麵包的熱情以及想學歐式麵包的決心：「如果你明確知道自己要什麼，就去做。如果生活不能過，就打個電話回家。」就是這個時間點，我在他眼裡不再是那個飆車、沒有人生方向的叛逆少年，這也是我們過往緊繃關係開始和解的起點。

長達近五年的歐式麵包學習，再到巴黎波波的創業，讓我父親體認到我對麵包是玩真的。對於白手起家的父親來說，這樣的嘗試很正面。不過，當時他並未覺得，我會把巴黎波波經營得有聲有色，而是心裡盤算著，若是失敗跌倒了，正值三十歲的我還有機會再爬起來。一如沒有一技之長的他，嘗試各行各業，開過卡車、賣過錄影帶、玉珮、經營房地產，從中找到養家活口的本領。

挺過巴黎波波開幕時期的慘澹，我開始參加比賽，除了很想知道自己的烘焙實力之外，內心深處更想向家人證明，沒有學歷的我依然可以發光發熱。多次參賽，沒日沒夜的練習準備，終究站上國際舞台，拿下 Mondial du Pain 世界麵包大賽冠軍。捧起沉甸甸獎盃的同時，我的父母親也在台下。後來我拿著獎盃和他們一起合照，即便他們沒有多說什麼，但滿滿的開心寫在臉上。那只獎盃，是我的決心、成績單和里程碑，也是獻給他們的一份禮物。

即便有點成績，父親的擔心與關愛從未停歇。「得到冠軍很好啊，但冠軍其實也沒什麼。如果別人要找你合作，你要慎選。」「你們沒辦法判斷的話，也可以跟我討論。」或許在父親的眼中，我永遠像是個小孩。贏得冠軍之後，他擔心起我會不會在冠軍光環、鎂光燈下過度膨脹、迷失自己；會不會誤挑合作對象，壞了自己的名聲。

不多話的父親始終是我的靠山。事實上，結束巴黎波波，決定從高雄到台北開店之際，只憑我自己是無法達成的。光是我想用的日本平窯王烤箱，蓄熱好、不易因長時間烤焙而降溫，一層就得近百萬，三層的烤箱就近三百萬。林林總總的硬體、基礎工程，預估就得花上五百萬、一千萬以上。資金根本嚴重不足的我是先決定到台北開店，才開始想怎麼向父親借錢的。還得央請諸多廠商，容許我分期付款。鮮少人知道，陳耀訓・麵包埠是在如此的艱困下開幕。

一路走來，父親的關愛源源不絕，無論是說出口的還是未說出口的。這是我人生當中最穩當的靠山，也讓我更珍惜烘焙之路，不斷地向前衝刺、提升自己。●

⑦ —心態優先的員工—

今日若覺得少個兩克沒關係，明日會不會也覺得少個五克也沒關係？在其他麵包製作的環節上，是不是也可以妥協？最終，什麼都少一點，什麼都差不多，絕對製作不出好的麵包。

從我創業以來，我幾乎都只徵求學徒。現在團隊裡較資深的麵包師傅，也都是從應徵學徒開始日積月累而來。只應徵學徒，當然不是薪資考量，而是希望他們像是一張白紙。如果他們自身對於製作麵包興趣濃厚，零經驗的白紙絕對可以在學習麵包製作的道路上得心應手，甚至腳步快些。

這是從我自身經驗得來的。從事烘焙業的前十年我在台式麵包製作的領域，這麼長時間的烘焙技術與基礎，到了第十一年進入製作歐式麵包領域時有很多小細節幾乎截然不同，比如對於溫度、外型的錙銖必較。只有想辦法歸零，才能再將新的知識與技術灌輸到腦海裡。說是這麼說，可是有時候一些做法已經根深柢固在記憶中，遇到時必須避免這些反射習慣，所以總是需要花點時間適應，不時提醒自己。

當然，只想找像零經驗的學徒是很理想化的。通常來應徵麵包師傅或多或少都具有烘焙工作經驗。我並不會因為來應徵的人具有經驗就完全排除，適不適任更重要的關鍵考量會有幾個。

第一，是對製作麵包的熱情。烘焙業是必須長時間專注的行業，以我的店舖陳耀訓・麵包埠為例，早上七點就得工作，一路忙到下午才有空檔可以吃午餐。短暫休息後，又得回到廚房準備隔天麵包製作的相關事務及結束後的清潔打掃。更別說初學者得在同樣的崗位上磨練許久，半年、一年，甚至更久都有可能。時間與挫折都會消磨人的意志，這時候若沒有一個強烈學習的動力與熱情，往往很容易放棄。

熱情，並不是喊出來的口號。很多人口口聲聲說自己充滿熱情，可是展現在行動上卻不是這麼一回事。要在面試短短半小時就看出一個人是否具備熱情，是有困難的。可是朝夕相處之下，多少可以察覺。是否可以接受挫折？數度經歷挫折後是否還願意繼續留下來學習？如果答案是肯定的，身體應該是流著熱情的血液。

烘焙業的工時長，從早到晚，全程站著、走動、雙手揉製麵團、全神貫注地操作，其實已經耗費掉非常多的體力。如果到了最後一刻還可以保持一樣的活力，甚至帶著愉悅的心情去做最後的清潔工作，往往是對這個行業與工作內容有一定的熱情，才有辦法辦到。

有人問我，日復一日製作麵包，攪拌麵粉、發酵、成型、烤焙程序都一樣，難道不會厭倦嗎？怎麼保有數十年如一日的熱情？依我自身的經驗來看，有時候只要換個角度思考，熱情與動力很容易就被引發。像是當學會將麵團揉得又圓又飽滿當下，這就是個成就感的來源。日後將麵團揉圓成型的步驟可能天天都得做，怎麼樣會更有動力？不妨挑戰自己做的速度，以及如何做得又快又好。

比如紅土蛋黃酥，每一顆都是我和團隊親手揉捏出來的，工時長、數量又不少，看似無聊枯燥的生產，其實我們每個人都在比賽包的速度。對我來說，包得好又可以快，就是一種技術的提升，也是開心與動力之所在。

成就感也會是熱情的燃料。在一家稍具規模的麵包店，麵包製作得靠團隊接力，發酵、成型、烤焙等皆由不同的人負責。每個人都只專注在麵包製作的一個小環節，眾人齊力才能製作出美味的麵包。正因這樣的特性，我會請麵包師傅在麵包上架後，親自到門市逛一圈，看看最終成品是如何被呈現在商品架上。

如果今天零失誤地做好份內的工作，成果的展現就是成就感的來源。因為你烤了很漂亮的麵包，架上整體呈現出來的色澤相當完美；因為你恰到剛好的攪拌，才讓一切有可能發生。不管哪一個職位、步驟，當看到完美的成品或得到顧客的支持，都是成就感，而它可以消除疲憊，讓人重新振奮。

第二，也是不那麼具象的，態度。做麵包的態度、對於自己的要求、對於工作的謹慎、與團隊互動的態度、學習的心態等等，都是比能力與技術還來得重要的態度。雖然光看「態度」二字會覺得籠統，實際上則有非常多觀察面向。

為什麼會將態度的重要順序置於能力與技術之前？我認為，每個人的特質與能力不盡相同，同樣學習製作麵包技術的時間也會有所差異，學習的過程本就會有失敗。失敗若來自能力不足，可靠時間與練習來精進。可是，若因為態度疏忽而失敗犯錯，一而再再而三，不但成不了事，還會拖垮整個團隊。

舉個例子，「妥協」便是我覺得麵包師傅很容易失守之處。我曾遇過麵包師傅在包紅豆麵包內餡時，擅自將應該是五十克的紅豆內餡改成了四十五克、四十克。他心裡抱持僥倖的心態：應該沒關係吧？有那麼容易被察覺嗎？探究原因，往往是貪圖方便、節省時間，有可能這一盆紅豆餡只剩下四十克的餡料，不夠再包一個，但懶得再去拿新的餡料補十克。或是因為想搶快，當餡料挖起來是四十八克時，就會想說有必要再補兩克嗎？

只要一妥協，絕對沒完沒了。今天若覺得少個兩克沒關係，明天會不會也覺得少個五克也沒關係？在其他麵包製作的環節上，是不是也可以妥協？最終什麼都少一點，什麼都差不多，絕對製作不出好的麵包。

清潔與整潔，則是最基礎的習慣。用過的東西，是否正確歸位？做完每項麵包，是否就做段落的清潔？這些看似沒什麼卻很基礎的事情，我會告知學徒，並且稍作解釋。像是前一個品項製作完成後，如果沒有清理桌面就再進入下一個階段，會有風味上的交叉影響。然而是否有將這些謹記在心、實際實踐，就是態度的問題。

這幾年，學習麵包製作的管道相當多元，線上教學、烘焙教室都很常見，要製作出簡易、水準不差的麵包不是太難。可是，當你要投入的是麵包烘焙產業，絕對要有長期抗戰的心理準備。要量產且品質穩定，絕非一蹴可幾的事。

蹲馬步學基本功、掌握活生生的酵母、練手感等，每個再小的環節，都是極具挑戰的任務。●

↓依我自身的經驗來看，
有時候只要換個角度思考，
熱情與動力很容易就被引發。
像是當學會將麵團揉得
又圓又飽滿的當下，
這就是個成就感的來源。●

⑧ — 顧客教我的事 —

原來，不單單只是思考如何做出好的麵包，麵包師傅心目中的好麵包可能不完全符合顧客的需求。更需要思考的是，從消費者的經驗出發，什麼才是好麵包？

很幸運地，巴黎波波開店之初，我和消費者之間的距離是很近的，因為僅有兩個人，所以事必躬親，從開店到閉店都是自己來，我更能夠仔細傾聽消費者的聲音。

也因為生意不見起色，自然也對於前來消費的人產生好奇：什麼樣的人會來買麵包？他們買回去在什麼時機點食用？回頭客是喜歡我製作的麵包嗎？

種種疑問，就在我與消費者互動閒聊之中得到解答。

就像消費者會覺得巴黎波波法國長棍麵包、可頌做得很棒，但除此之外，能不能再提供多一些更日常的選擇？一開始我聽不太進去，覺得歐式麵包的技術就是我的特色，一定要讓大家知道。直到後來我才漸漸懂了，其實很多時候市場還未普及，可能是因為技術傳承還沒有到位，或是市場不需要它。因此當時我在思考的是：我想要做的麵包品項與消費者需要的麵包品項之間，有沒有一個完美的平衡點？

為什麼是平衡點？我一直認為，不是消費者想要，店家就要隨著他們把商品做出來。真正用心的麵包店是會在消費者和技術者之間找到完美的連結。比如當時的巴黎波波時期，當消費者還不是很認識可頌、丹麥類麵包時，該怎麼增加他們的認同感？

以我身為麵包師傅的角度，原味可頌絕對是入門款，會想推薦給消費者。可是站在消費者的立場，當他不熟悉可頌、丹麥類麵包時，要他馬上接受是很困難的。然而，只要他能在商品上找到熟悉的元素，就有機會可以建立連結。當丹麥麵包的上頭擺了新鮮水果，消費者馬上會被吸引。當他們吃過之後，覺得店裡的水果丹麥可頌似乎不錯，下次也就更願意嘗試原味可頌。

以當時巴黎波波所在地的高雄客群，他們很能接受在日常生活當中食用麵包，無論早餐或點心，幾乎可以天天都吃麵包。不過，卻不是拿來當作正餐或主食。那樣的前提下，巴黎波波主要販售的可頌、法國長棍或歐式麵包等佐餐品項，如果沒有太多副食材，對他們來說是很單調的。

記得當時下班時間巴黎波波的顧客比較多，他們多半買的是隔天自己和家人的早餐，紅豆麵包、吐司、克里姆麵包……等，看得出來他們對於這些日式軟麵包的喜愛。「你可頌做得不錯，是不是也可以增加軟麵包的種類？」顧客向我建言。「法國麵包也可以回烤當早餐。」我這麼跟這位顧客回覆。沒想到顧客的反應讓我驚醒，原來他們和我想的完全不同：「我送小朋友都來不及了，哪有時間再去烤麵包！」

巴黎波波甫開店那段期間，很多顧客

跟我反應的就像這位顧客所言，多半是麵包的品項與飲食習慣的差異。「歐式麵包很好，但沒辦法天天吃。」早期我會認為那是消費者還沒感受到歐洲的飲食文化。隨著生意沒有起色，我也漸漸開始思考，他們的出發點並沒有錯，消費者並非叫我使用品質低劣的人造奶油，而是請我增加更為日常的麵包品項。設法讓他們更常走進來，也就有機會向他們介紹更豐富的麵包文化。

從顧客實用的角度出發，在巴黎波波初期只是濫觴，爾後前往日本東京麵包名店 Monsieur Ivan 向麵包大師小倉孝樹實習的半年期間，更有深刻體會。

在 Monsieur Ivan 的法國長棍麵包並非傳統皮厚一派，而是有更好的咬斷性。小倉孝樹告訴我，這是他們長期觀察當地顧客，針對他們所設計的法國長棍麵包。原來當地很多家庭客群，特別是早晨媽媽送完小孩去上學後，會到麵包店來喝咖啡、吃麵包。他們特別喜愛調理類的三明治，即便把法國長棍麵包買回家，也多半會做成三明治來食用。於是小倉孝樹想要製作的法國長棍麵包就是可以輕易咬斷的類型，若還是一味製作傳統型法國長棍麵包，一旦加上夾在其中的食材，一點也不方便食用。

從消費者的食用感受出發，進而回推想要做出什麼樣的麵包，這樣的思考無疑是細緻且貼心的。原來不單單只是思考如何做出好的麵包，麵包師傅心目中的好麵包可能不完全符合顧客的需求。更重要的是，從消費者的經驗出發，進一步思考什麼才是好麵包？

能針對這樣的提問，做出極佳的回應，絕非偶然。依我的觀察，這是小倉孝樹與他的團隊日積月累而來的。他們觀察顧客、與顧客互動，再從商品構思直接回應顧客的需求。在 Monsieur Ivan 的麵包師傅是得輪調在外場銷售麵包的，這樣的用意就在於，製作端的人能和顧客有互動的機會。了解顧客常買什麼品項的麵包？他們對於麵包會有什麼樣的疑問？回家之後怎麼食用？有沒有遇到什麼問題？

當麵包生產製作者掌握這些有效的大數據，就能依此設計出符合消費者習慣的麵包，抑或修正自己的問題。

就像巴黎波波期間，一位附近上班的媽媽經常在午休或下班後來買麵包。她向我說：「我前幾天下班買的軟麵包有點乾，但上次中午來買的軟麵包很柔軟，完全沒有問題。」隔天，我親自試吃了剛出爐及下午時段的麵包，果真有這樣的問題。

剛出爐時段，麵包肯定相當新鮮，到了下午或傍晚，因為現場有冷氣難免外皮會稍微乾燥一點，可是如果顧客在購買之後，將麵包放在塑膠袋裡封起來，麵包還是會恢復濕潤狀態。只是很難跟顧客說，「你先將麵包放在塑膠袋裡，十五分鐘之後再拿出來吃，它會變得較濕潤。」雖然這個方法可行，可是即便我是客人，也不太能接受。

很多時候顧客的建議，往往突破師傅的盲點。過往我們不會每個時段去測試麵包的狀態，只會去測試第一天與第二天麵包的柔軟度，而且還是將麵包包裝起來的方式做測試，自然與門市裸裝的狀態有所差距。

後來為了克服麵包老化的問題，我改變麵包出爐的頻率。過往我將當天該品項的麵包一次做完，在上午便全數出爐。自此之後，改為分段出爐。上午先出爐部分數量，到了下午再出爐剩餘的數量。同時也在店裡製作一個櫥窗，將軟麵包置放於玻璃櫥窗內。

這也是為什麼陳耀訓．麵包埠開店後，店內的可頌分隔成五到七次出爐。最省事的做法，當然就是一次出爐，不用考慮分批發酵、成型等流程的編排。偏偏完美的可頌要有酥脆的口感，而台灣潮濕的氣候往往是酥脆口感的殺手，在室溫擺越久，越有可能受潮變得不酥脆。於是我們寧可多花點時間，一小批一小批地將可頌出爐上架。

受到 Monsieur Ivan 和小倉孝樹的啟發，陳耀訓．麵包埠開店的前半年，所有內場的麵包師傅，包括我自己，都得輪流站在櫃檯學習做外場的工作，麵包上架、包麵包、切吐司、結帳……等。這樣的方式，可以親手將團隊製作的麵包交給顧客，聽聽他們想說的、有疑問之處，也能藉此向顧客介紹麵包。「你要站出去說麵包，讓大家了解你的麵包、喜歡你的麵包。」小倉孝樹所言甚是，麵包師傅不該永遠待在廚房裡，而應勇於走出去，做自己的麵包大使。

「你怎麼會在這?!」「麵包真的是你做的！」初期，我親自在陳耀訓・麵包埠的櫃檯替顧客結帳、打包，不少人總是驚訝地這麼說。這之中也聽到許多的回饋，似乎讓前來的人又多了份信任。

雖然，之後因為人力短缺，陳耀訓・麵包埠的內場麵包師傅未再站到前線與顧客互動，但負責外場的人員總是會向團隊回報大大小小的觀察。也期待人力不再短缺之時，麵包師傅又能輪值外場人員。畢竟能與顧客互動，從中獲取好的壞的回饋，永遠是最珍貴而美好的經驗。

↓「你要站出去說麵包，讓大家了解你的麵包、喜歡你的麵包。」小倉孝樹所言甚是，麵包師傅不該永遠待在廚房裡，而應勇於走出去，做自己的麵包大使。●

⑨ —理想的麵包店—

對我而言，一家理想的麵包店的關鍵字應該是：歡樂。集結一群對烘焙有熱情，不會覺得乏味的麵包師傅，歡樂且熱情地日日做著麵包。

在麵包烘焙的領域，我可以算是一位狂熱者。從學徒開始，就四處探訪麵包店，樂此不疲。一聽說有什麼新開的、特殊的麵包店，只要有時間，我就會前往參觀。說是參觀，更貼切地說其實是採購麵包來品嘗。

踏入烘焙業的第四年，我便跟著原料商的參訪團前進日本考察烘焙展，也觀摩當地的麵包店。那時約莫是二〇〇二年，台灣的麵包店仍多半屬於傳統複合式經營，賣麵包也賣甜點。去到日本，很震撼的是看到截然不同的麵包店型態。在日本，麵包店只賣麵包，而甜點和蛋糕只會出現在甜點店。這對還是學徒的我是很難想像的，為什麼可以這樣經營店家？

日本人告訴我，他們只專注在擅長的領域。對他們而言，麵包和甜點製作是兩個不同的專業。所以麵包店只賣麵包這件事，他們一點也不覺得有什麼問題，反而相當習以為常。那次算是對我的鼓舞吧，還在當學徒的我，曾經覺得只靠麵包製作要在台灣開一間麵包店是困難的，通常多半還得販售甜點與蛋糕。在那次之後，我在心中畫起了藍圖：就算我只會做麵包，還是有機會可以開間麵包店。

果然，在越來越講究專業之下，台灣

的麵包店也漸漸成為只賣麵包的場域。雖然巴黎波波創立初期生意慘澹，但調整麵包品項後，僅靠麵包也培養出穩定的客群。自己開店之後，考察和參訪仍然沒有間斷。最常跑的，就是市場與技術成熟、地理位置又鄰近的日本了。

當時，看到日本的小型麵包店有兩個新的趨勢。一是麵包店的品項更多元，不光是麵包，也出現可頌、丹麥類等像是甜點的品項。這和歐洲的麵包店有點像，麵包和甜點不再那麼壁壘分明。另一個則是，地域性的職人風格更加鮮明。我看過北海道的地方麵包店非常有職人特色，推出不少具當地風格的商品，一週只營業三天；我也前往九州南阿蘇麵包店めるころ（Merukoro）實習，該店以販售歐式麵包為多，卻不乏九州當地的食材，像是牛乳、九州產麵粉等。

從台灣複合式麵包店，到專營麵包店，再到麵包店又兼營起少數的丹麥類商品。短短二十多年間，麵包店的型態數度轉變，我造訪的國內外麵包店不下百家。若問我在心目中是否也勾勒出理想麵包店的模樣？答案是肯定的。

對我而言，一家理想麵包店的關鍵字應該是「歡樂」。集結一群對烘焙有熱情的麵包師傅，歡樂且投入地日日做著麵包。我相信歡樂的氣氛是有感染力的，消費者來到這家麵包店、吃了麵包，勢必因麵包的風味而感到愉悅，甚至感受到歡樂的氣氛。

架上販售的麵包，得是沒有距離感的

日常品項。所謂的日常，指的是顧客可以經常吃、天天吃也不會膩的。為什麼特別強調沒有距離呢？這也和日常有關。曾經我在創業之作巴黎波波，販售當時大家不甚熟悉的歐式麵包，這並不是當地人的日常，也就引不起共鳴，乏人問津。所以我深刻體認到，一家理想的麵包店該有不少大家熟悉的麵包品項。

麵包的模樣可以是顧客熟悉的，然而在風味上卻必須帶給顧客新的體驗。過去我曾追求與眾不同，想藉由全新的麵包品項訴求差異化，但經過比賽的洗禮，我發現貼近消費者的麵包，若是能用不同的手法來詮釋，反而更能讓消費者印象深刻。就如陳耀訓·麵包埠推出的台式麵包，有著共同回憶的人幾乎一看到這些麵包的外觀，馬上就能直覺式地喊出名稱。買回家後一嘗，又因為食材、技法的改變而感到驚喜。

地理位置的條件也是形塑我心中理想麵包店的重要因素。我向來喜歡慢步調、具悠閒感的麵包店，顧客無論散步還是下班經過，都希望他們能夠好整以暇地慢慢選購麵包，而非快速消費。這就與選址有很大關係，車水馬龍的大馬路、人潮滿滿的百貨公司，就不會是我麵包店門市的選項。在這些位置的麵包店買麵包，容易受到外在環境的干擾，如大馬路臨停、逛街的人潮等，往往無法盡興。

為此，我總是將麵包店設立在不是那麼熱鬧的地方。高雄巴黎波波雖位於捷運出口附近，前頭卻有個偌大的庭園作為緩衝。台北的陳耀訓·麵包埠落腳敦化北路巷弄前，我也數度掙扎，距離最近的兩個捷運站步行皆需十分鐘以上，且門市前是條單行道，會不會太隱蔽了？但店外寬闊的戶外庭院，可以讓前來消費的顧客稍作停留，終究讓我拍板定案。

更理想的麵包店，是把麵包當作主角，並且銷售咖啡等簡單飲品，最好現場還設有簡單座位能讓顧客坐下來吃麵包。雖然看似平常，但在一個城市裡，若能有這樣「慢步調」的麵包店，就是生活中的小確幸。顧客在沒有壓力的情況下，能坐下來享受麵包及當下的氣氛，和把麵包買回家，當作隔日早餐還是有所差別的。在時間壓力下吃麵包，多多少少無法感受麵包師傅透過麵包所要傳遞的訊息。

比起連鎖體系的麵包店，我更喜歡社區型的麵包店。不光是前店後廠，顧客一進到店裡，就能感受到麵包烘焙帶來的溫馨與幸福感。從經營者的角度來看，這樣小規模的型態，在產品的推陳出新上也更有彈性。以前我在連鎖體系的麵包店待過，研發與採購的決策期拉得很長，有時候無法充分反應。像現在我若想做一個新品，從研發、測試到上架，快的話僅需兩週。陳耀訓．麵包埠就曾在鳳梨生產過剩時，在短短幾週內串聯數家友好麵包店，一同推出鳳梨相關的麵包。

在陳耀訓．麵包埠成立前後，有兩段海外麵包店的參訪經驗對我影響頗大。在日本實習的半年期間，我走訪許多知名麵包店，發現當地越來越強調地產、地製與地銷。他們開始運用國產小麥，讓麵包更具日本在地特色。無獨有偶，一位法國麵包師傅也跟我強調他店裡的在地想法。我在赴法國參加 Mondial du Pain 世界麵包大賽後造訪這家麵包店，麵包師傅與我分享店裡的在地，並非是指法國，而是麵包店附近區域。他們多半使用來自鄰近區域的麵粉、乳製品等。就近取材，也就是新鮮的保證，能夠機動地替品質把關。

包括小麥、食材等相關條件，台灣還未臻成熟，但有什麼是我能先做的？這也是陳耀訓・麵包埠在創立的隔年就開始加入季節性商品的原因。過去，麵包店少有季節感商品，經常以品項是否熱銷作為上架依據。像是台灣產的草莓與麵包的結合，銷售反應若好，等到台灣草莓產季結束，就會改採國外進口草莓，整年度幾乎都有草莓商品。我們則是盡量以當季地產的食材來做季節限定的呈現。雖然有更多不可預期的因素，諸如遇連日豪雨草莓採收不如預期、產量不佳價格飆漲等，但能讓顧客感受到與季節、土地的連結，是我的一大信念。

陳耀訓・麵包埠因此有不少一期一會的商品。這幾年，肉桂捲紅遍大街小巷，陳耀訓・麵包埠也有我以台灣土肉桂設計的版本，麵包的質感介於布里歐與吐司麵團之間，口感輕盈不少，也有一群死忠的支持者。不過對我來說，帶有肉桂辛香料風味的肉桂捲，是很秋冬感的食物，在春夏則不是那麼適合。於是，店內的肉桂捲只在秋冬季節推出。

一家理想麵包店的存在，是不容易的。最難的地方，便是團隊如何展現理念。日日製作麵包，若沒有熱情，很容易讓製作麵包淪為例行事項。麵包源自有活力又難以捉摸的酵母，自然也需要很多的看顧與調整，才能穩定地產出。我常跟團隊成員說：「開店前到架上看看今天做出的麵包，你會知道你賦予了麵包什麼。」說真的，從架上麵包的模樣，是可以看出團隊的精神與態度的。

我深深在內心期許，理想的麵包店越來越多，讓吃麵包不僅更有趣，也成為日常幸福感的來源。●

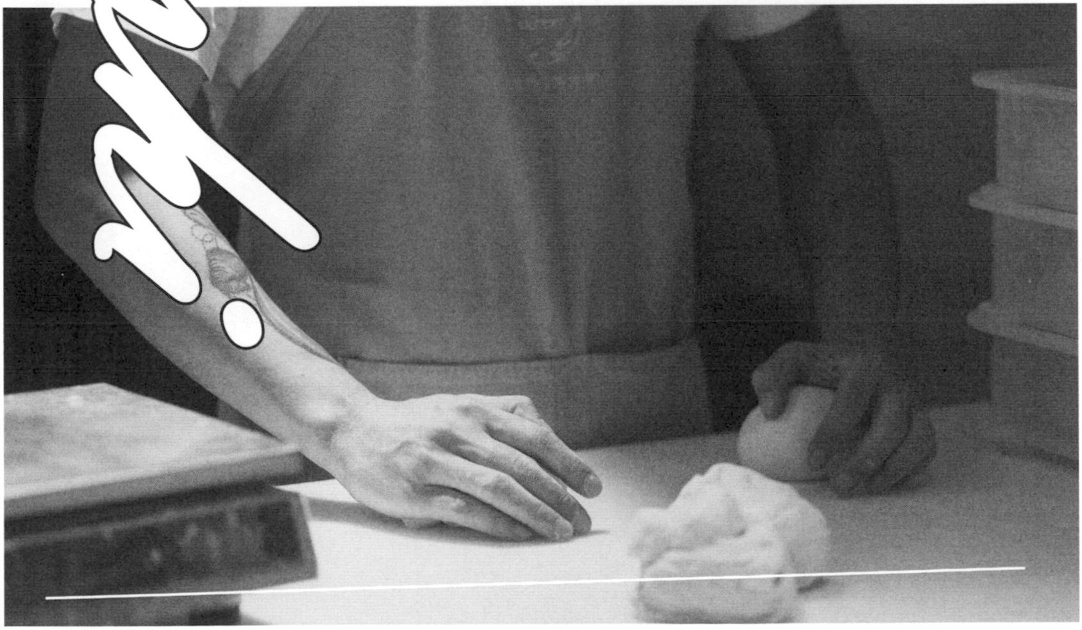

295

99 分的完美

YO SHI BAKERY

陳耀訓・麵包埠

YO SHI BAKERY
陳耀訓・麵包埠

YO SHI BAKERY

陳耀訓・麵包埠

YO SHI BAKERY
陳耀訓・麵包埠
YO SHI BAKERY
陳耀訓・麵包埠
YO SHI BAKERY
陳耀訓・麵包埠
YO SHI BAKERY
陳耀訓・麵包埠
YO SHI BAKERY
陳耀訓・麵包埠
YO SHI BAKERY
陳耀訓・麵包埠
YO SHI BAKERY
陳耀訓・麵包埠

YOSHI YOSHI YOSHI YOSHI

YOSHI YOSHI YOSHI YOSHI

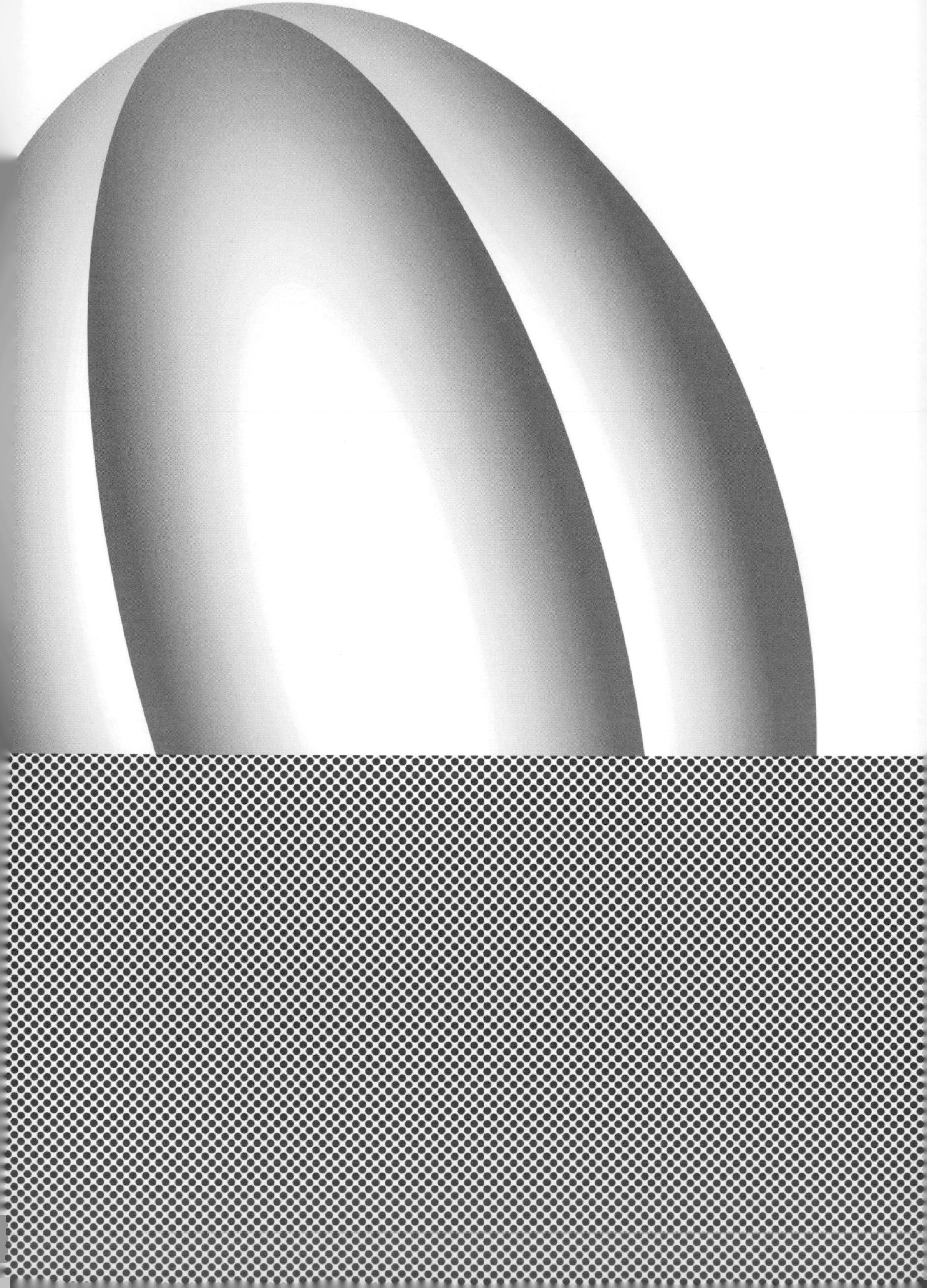

99

國家圖書館出版品預行編目資料

99分的完美：蛋黃酥熱潮推手陳耀訓的人生真情告白 /
陳耀訓、徐銘志 著；
-- 初版 . -- 臺北市 : 平安 , 2023.05
面 ; 公分 . -- (平安叢書 ; 第 0758 種)(FORWARD ; 62)
ISBN 978-626-7181-65-2(平裝)

1.CST: 陳耀訓 2.CST: 傳記

783.3886 112005645

皇冠讀樂網：www.crown.com.tw
皇冠 Facebook：www.facebook.com/crownbook
皇冠 Instagram：www.instagram.com/crownbook1954
皇冠蝦皮商城：shopee.tw/crown_tw

99分的完美

YOSHI YOSHI YOSHI YOSHI

蛋黃酥熱潮推手
陳耀訓的人生真情告白

平安叢書第758種
FORWARD 62

作者—陳耀訓、徐銘志—
發行人—平雲
出版發行—平安文化有限公司
台北市敦化北路120巷50號
電話◎02-27168888
郵撥帳號◎18420815號
皇冠出版社（香港）有限公司
香港銅鑼灣道180號百樂商業中心
19字樓1903室
電話◎2529-1778　傳真◎2527-0904
總編輯—許婷婷
責任編輯—黃雅群
行銷企劃—薛晴方
美術設計—卵形・葉忠宜
封面人物拍攝—Ar Her Kuo
比賽拍攝—伍姿靜
總統拍攝—黃碩偉
空間拍攝—同心圓製作、Ar Her Kuo
麵包拍攝—徐銘志

著作完成日期—2023年01月
初版一刷日期—2023年05月

法律顧問—王惠光律師
有著作權・翻印必究
如有破損或裝訂錯誤，請寄回本社更換
讀者服務傳真專線◎02-27150507
電腦編號◎401062
ISBN◎978-626-7181-65-2
Printed in Taiwan
本書特價◎新台幣499元／港幣166元

YOSHI YOSHI YOSHI YOSHI

99 *yoshiyoshi*

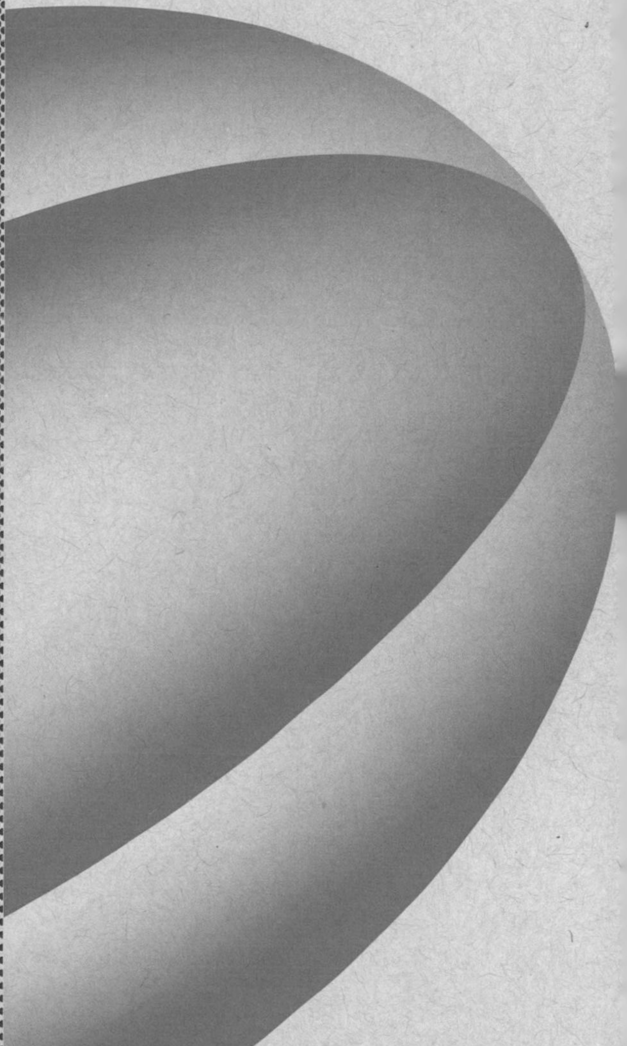

99 yoshiyoshi

99 yoshiyoshi

yoshiyoshi

YOSHI YOSHI YOSHI YOSHI
yoshiyoshi